서울연구원 미래서울 연구총서 10

건강도시

박봉희 지음

한울
아카데미

이 도서의 국립중앙도서관 출판시도서목록(CIP)은 서지정보유통지원시스템 홈페이지 (http://seoji.nl.go.kr)와 국가자료공동목록시스템(http://www.nl.go.kr/kolisnet)에서 이용 하실 수 있습니다. (CIP제어번호 : CIP2014003279)

차례

서문

"행복하십니까?"

문득 이런 질문을 던지면 사람들은 순간 멈칫한다. '이건 뭐지?'라며 당황해하는 사람, 어이없어하는 사람, 답을 찾으려 열심히 머리를 쓰는 사람…… 질문에 대한 반응은 각양각색이다. 대부분은 바로 답을 하지 못한다. 우리가 평소 이런 질문을 마음에 품고 살아보지 않아서 그럴 것이다. 아니, 우리는 거의 그런 질문을 마주할 겨를이 없는 삶을 산다. 그러던 어느 날 '정신없이 길을 걷다가 문득 방향을 잃었다'는 느낌을 받을 때면 무척 당황해한다. 삶의 어려운 순간과 고비를 만날 때면, 우리는 삶의 전제와 목적에 대해 크게 반성하고 태도를 바꾸고 삶의 전환을 시도한다.

일은 왜 하는가? 돈을 왜 벌고자 하는가? 생존을 위해서? 자녀 교육을 위해서? 취미 활동을 위해서? 안락한 노년을 위해서?……

이렇게 계속 묻고 묻다 보면, 누구나 최종적으로 행복하게 살고 싶다는 저 깊은 내면의 욕구와 만나게 된다. 심리학자 에이브러햄 매슬로우(Abraham Maslow)가 주장한 최고 수준의 욕구인 '자아실현' 단계도, 예수의 '사랑'이나 부처의 '자비'도, 결국 우리 모두가 서로 사랑하고 행복하게 살고 싶다는 말의 다른 표현이 아닐까.

그러나 이것은 너무 뻔한 답이 아닌가! 여기서 다시, 큰 행복의 하나인 '건강'에 초점을 맞추어 그 질문을 조금 더 진전시켜보기로 하자. 건강하다는 것은 무엇인가. 우리가 삶의 활력을 느끼고 살던 때는 언제였던가. 아무리 많은 재산이 있어도 건강하지 않다면, 가족과 함께 행복하지 않다면, 아무런 의미가 없을 것이다. 행복하면 건강하다는 사실은 이제 놀라운 일이 아니다. 건강해야 더 행복해질 수 있고 행복하면 질병도 쉽게 극복해낼 수 있다. 행복은 그만큼 건강에 유익하다. 행복한 경험을 하면 신체에 유익한 화학 물질의 분비가 촉진되며 혈압과 심장 박동이 안정된다. 특히 기분 좋은 경험을 하면 건강에 긍정적인 효과가 오랫동안 지속된다. 그뿐만이 아니다. 행복한 사람은 면역체계가 더 강한 편이다.

나이가 들어도 활력 있게, 병 없이 오래오래 살고 싶다는 것은 동서고금을 막론하고 모두가 바라는 가장 큰 소망이기도 하다. 그러나 현재 우리의 삶은 어떤가. 평균 수명은 늘어나고 건강 수준이 과거와는 비교조차 할 수 없을 정도로 좋아졌다지만, 우리는 더 많은 질병으로부터 위협을 받고 있는 듯하다. 예전에 없던 새로운 질병이 생겨나고 특히 스트레스, 자율 신경 이상, 우울증과 같이 마음과 정신에 관련한 질병이 늘어나고 있다. 수많은 먹거리가 있지만 영양 상태는 좋지 않다. 먹거리의 원재료가 어디서 생산되고 어떤 가공 과정을 거쳐 어떻게 조달되는지 우리는 잘 모른다. 대부분의 사람들은 매일같이 일터에 나가 일하면서 육체적 피로뿐만 아니라 정신적 긴장과 스트레스를 받고 있다. 때로는 자신이 왜 스트레스를 받고 있는지 그 원인이나 이유도 모른 채 그저 바쁘게 생활한다. 경쟁이 치열한 도시에서의 생활은 그 정도가 더욱 심하다. 여기에 시간과 물질, 마음이 여유롭지 못하면 더더욱 자신의 건강을 돌볼 수가 없다. 특히 마음이 여유롭지 못하면 건강한 정신을 유지하지 못하고 건강한 인간관계, 건강한 사회생활을 할 수 없다.

더 나아가 지역적 또는 국제적 환경 문제도 우리 건강에 직접적인 관계가 있다. 아마존이나 인도네시아의 밀림은 우리의 건강에 분명 영향을 미치고 있으며, 일본 원자력 발전소의 폭발도 우리에게 치명적인 영향력을 행사하고 있다고 여기지만, 시민들이 이에 대해 합리적인 판단이나 적극적인 행동을 할 수 있는 태세나 여유를 갖기는 사실상 어렵다.

또 주변을 돌아보면 여기저기에 건강정보가 넘쳐난다. 한편에선 건강정보를 가지고 불안을 조장하기도 한다. 그러다 보니, 의료시장이나 보험시장에서는 노화를 늦추기 위한 다종다양한 건강보조식품, 값 비싼 웰빙상품, 개인 차원의 건강관리에 초점을 맞춘 건강 프로그램들이 우리를 유혹하고 있다. 건강은 개인의 행복조건이라는 분위기가 조장되면서도, 아프지 않을 때는 '남의 이야기'로만 존재한다. 즉, 건강에 문제가 발생했을 때만 비로소 관심을 갖게 되는 것이다.

바로 이것이 문제이다! '건강'은, 개인적인 영역으로 환원시켜 협소한 관점으로 접근할 수도 있지만, 좀 더 포괄적으로 본다면 보건의료와 민주주의를 제도적이고 과정적으로 실현하는 것까지를 포함한다. 건강은 생로병사를 아우르는 삶 그 자체이기 때문에 더욱 그럴 것이다.

이와 같은 맥락에서 건강 문제로 인해 고통을 겪는 감정에 대해 서로 이야기할 수 있는, 그러한 대화가 일상적으로 이루어질 수 있는 공간이 필요하다 하겠다. 건강 수준을 높이기 위해서는 개인의 노력만으로는 턱없이 부족하고, 생활터전의 총체적인 변화가 지역사회에서 일어나야 한다.

이 글에서는 '건강은 건강한 관계이다'라는 관점에서 공동체성을 중심으로 건강과 건강도시에 대해 이야기해보려 한다. 개인과 개인의 관계, 공동체와 개인의 관계, 개인과 자연의 관계는 건강에 다다르는 핵심이다. 따라서 공동체성이 사라진 도시에서 건강하

8

건강도시

게 산다는 것의 의미를 따져보고, 20년 후 서울의 중요한 미래 키워드로 뽑힌 건강도시[1]의 지향점을 모색해보려 한다. 이 글은 필자가 주도해서 쓰고 엮었지만 필자 개인의 글만은 아니다. 지난 19년 동안 지역에서 활동해온 한국의료복지사회적협동조합연합회(한국의료생활협동조합연합회에서 전환)가 기록한 건강한 사람들, 건강한 관계, 건강공동체에 대한 생생한 현장 기록, 〈발로 쓴 건강실천 프로젝트〉이다. 세계보건기구(World Health Organization: WHO)에서 정의한 '단순히 질병이 없거나 결함이 없는 상태'가 아니라 '신체적, 정신적, 사회적으로 완전한 안녕한 삶' ─ 즉, 건강한 삶 ─ 을 추구하며 온몸으로 그 신념을 살아온 사람들 이야기, 실천현장 보고이다.

1

건강은 건강한 관계이다

전반적인 상호 관계를 밑바탕으로 하는 사회는 서로를 신뢰하지 않
는 사회보다 훨씬 효율적으로 돌아간다. 신뢰는 사회가 원활하게 돌
아가도록 만드는 윤활유이다. 다양한 사람들이 더 자주 관계를 맺을
수록 정상적이고 일반적인 수준의 상호 관계를 맺을 수 있다.

(로버트 데이비드 퍼트넘,『나 홀로 볼링: 사회적 커뮤니티의 붕괴와 소생』)

세상에서 가장 진실한 순간의 만남

머더테레사미션 앤드 머더하우스(Mother Teresa Mission and Mo-
ther House: 죽음을 기다리는 집)에서 행한 5일간의 자원봉사 첫째 날,
햇빛 한 줌 안 드는 음침한 곳에서 누군가 음식을 먹여주지 않으면
조금도 먹지 못한 채 가만히 누워 죽음만을 기다리는 사람들을 보

았다. 단지 오물을 물에 헹구는 정도의 빨래. 이가 옮은 머리카락을 자르려고 덤비는 사람과 동물처럼 울부짖으며 도망가는, 그 큰 눈에 눈물이 가득 고인 사람. '이런다고 바뀌는 것이 있을까? 바뀐다 해도 얼마나 많은 시간이 필요할 것인가?'라는 생각이 꼬리를 물고 이어져 화가 났다. 일하기도 싫고 그곳에서 자원봉사를 하고 있는 모든 사람들이 미웠다. 우리가 이렇게 하지 않아도 어쨌든 정부에서 책임질 것 아닌가. 정부에 책임을 요구하는 것이 더 빠른 해결책이 아니겠는가?

그런 고민에 휩싸여 있던 중, 자원봉사 셋째 날에 너무나도 단순한 물음 하나가 나의 마음을 변하게 했다. 아무 생각 없이 빨래를 하고 있는데 문득 누군가 나에게 만약 평생을 이곳에서 이 사람들과 생활하라고 한다면 할 수 있을까 싶었던 것이다. 자신이 없었다. 아니, 절대 못할 것이다. 편하게 앉아 이런 문제에 대해 문제의식을 갖고 이야기하는 것이, 몸으로 직접 부딪치는 것보다 훨씬 쉬운 법이다. 내가 생각했던 길과 방법만이 옳고 다른 이의 것은 그르다고 편협하게 생각했던 스스로가 부끄러웠다.

온갖 미묘한 냄새로 구역질이 나, 처음 방문하는 분마다 "욱" 하며 문밖을 뛰쳐나오는 등 곤욕을 치를 수밖에 없었던 할머니 댁(3년 후 시설에 입소). 임종 며칠 전 "평화병원에 가져다줘야 해. 그러면 다 알아서 해줄 거야"라고 하시며 꼬깃꼬깃한 만 원짜리 한 장을 손에 꼭 쥐고 계시던 할아버지. 당뇨 합병증으로 시력을 잃고 힘든 투석을 받으면서도 해맑게 웃던 아주머니. 중풍으로 두 번 쓰러지고 난 후 천장만 바라보며 외로울 때면 병원으로 전화를 해 "뭐해? 밖에 비 와?", "나 시설로 보내줘" 하시는 아주머니. 중풍으로 혼자서는 거동이 불편한 할아버지와 기력이 쇠해 본인 몸도 돌보기 힘들어하시는 80세가 넘은 할머니. 걸을 수 있을 거라는 희망을 굳게 믿고 있다 어느새 "이젠 힘들겠지"라며 한숨만 내쉬는, 방한 칸이 세상 전부인 할머니 …… 이런 분들이 너무 많다.[1] 정말이지 너무나도 많다. 먼 곳이 아닌 바로 내 앞에.

두려움과 기쁨에서 시작된, 지역의 아줌마 부대로 이루어진 자원봉사자 모임. 오물로 덮인 옷을 스스럼없이 만지던 모습. 할머니 앞에서 노래 부르며 재롱을 부리던 모습. 그 앞을 우연히 지나가다가도 식사는 제대로 하고 있는지 궁금해 그냥 지나치지 못하던 모습. 너무 안타까워 눈물을 하염없이 쏟아내던 모습. 이 모두가 세상을 아름답게 하는 사람들의, 세상에서 가장 진실한 순간의 만남이라 확신한다.

어느 누구도 말하지 않았는데 생겨난 약속이 있다. 기억력이 가물가물하다던 할아버지도 목요일은 잊지 않는다! 다른 요일은 몰라도 목요일은 약속을 만들지 않는다! 가정 방문을 시작한 지 만 3년 동안 매주 거의 빠짐없이 만남을 이어왔기에 쌓아갈 수 있었던,

가정 방문 대상자와 자원봉사자 간의 인간적 신뢰 덕분이다.

자원봉사에도 3D 활동이 있다. 그래서 많은 이들이 힘들고, 더럽고, 어려운 3D 활동은 기피하려 하고 편하고 생색(?)내기 쉬운 일은 서로 먼저 하려 든다. 그럼에도 아줌마 부대로 구성된 자원봉사자 모임처럼, 모두가 기피하는 일을 정성 어린 마음으로 행하면서 도움이 필요한 이들과 진심으로 소통하며 세상에서 가장 아름다운 만남을 만들어가고 있는 이들의 노력이 있어 참 다행이다.

공짜 설탕, 공짜 화장지를 든 도시의 노인들

어느 날 병원에 어르신 환자가 뜸하다 싶어 눈여겨보면 분명 근처에 일명 '약장사'가 뜬 것이다. 동네에서도 조금만 주의를 기울이면 할머니들이 설탕, 화장지, 간장 등을 양손에 들고 다니시는 것을 쉽게 알아챌 수 있다. 그리고 여느 집에 방문해서 장롱 위에 화장지가 널려 있다면 그 집에도 분명 약장사에게 다녀오신 어르신이 계실 것이다. 처음에는 공짜로 주는 설탕, 화장지를 받아오시다가 어느 날 40~50만 원 하는 옥장판이라든지 10~20만 원 상당의 정력팬티라든지 약장사가 파는 물건들을 사들고 와서 며느리와 갈등을 빚는 경우도 비일비재하다. 어느 할머니는 자식 몰래 고가의 물품을 구입하고 그 돈을 갚기 위해 허드렛일을 찾아 나서신다. 이는 도시뿐 아니라 농촌에서도 상당히 심각한 문제로 떠오르고 있다. 노인들의 여가문화가 부재한 것이 결국 그 원인이라 할 수 있는데, 이런 문제는 어느 한 지역에만 한정된 것이 아니라 고령 사회 전반에 걸쳐 있는 사회 전반의 문제이다.

1997년, 세상이 아무리 각박해졌다 하더라도 더 이상 외면하고 지낼 수 없었던 한 할머니의 딱한 사정을 눈여겨보아 시작된 자원봉사 활동. 따뜻한 마음을 지닌 인천평화의료협동조합의 아주머니들이 한자리에 모여 봉사를 시작했다. 자식들조차도 돌보지 못해 인간으로 당연히 누려야 할 기본적인 생활을 포기한 채 살아가시던 할머니를 돌보겠다고 자발적으로 모인 것이다. 서너 명에서 대여섯 명으로 그 수가 늘어나면서 인천 부개동과 일신동에 삭막한 기운은 퇴색해가고 새로운 생명의 기운이 싹트기 시작했다. 모이면 힘이 저절로 솟아나며 어두운 곳이 밝아지고, 더러운 곳이 깨끗해지고, 추운 마음이 따뜻해지며, 지루하던 시간이 즐거워지는 경험을 나눌 수 있게 되었다. 2008년 장기요양보험이 시행되고 지금에서야 제도화된, 요양보호사들이 담당하고 있는 가사간병사업이 이미 오래전 지역 사회 요구에 의해 출발했던 것이다.

건강하다는 것

건강을 관리한다는 것은 언제나 먹고, 마시고, 일하고, 호흡하고, 사랑하고, 정치하고, 운동하고, 노래하고, 꿈을 꾸고, 고통받는 것을 위한 계획이다. (이반 일리히, 『병원이 병을 만든다』)

아래는 2012년 '마포조합원이 말하는 건강한 삶, 건강말하기대회'에서 나온 이야기들이다.

요양보호사 교육생들에게 건강하다는 게 뭐냐고 물었다. 어느 교육생이 말하길, 자신은 원래 건강하다 생각했다고 한다. 그런데 건강검진을 받고 골밀도 수치가 굉장히 떨어져 있다는 판정을 듣고 나서 약을 먹기 시작하면서 스스로가 건강하지 않은 사람이라는 것을 깨달은 것이다. 원래 스스로 건강하다 생각한 사람이었는데, 이제 건강한 사람이라고 말할 수 없게 되었다는 것이다. 이 이야기를 듣고 건강하다는 것에 대해서 남이 세워주는 잣대를 쫓아다니면서 강박관념에 시달려야만 하는지에 대해서 생각하게 되었다. (요양보호사)

보건소 방문간호사를 잠깐 했다. 85세 할머니에게 스스로 건강하다 생각하시는지를 물었다. 할머니는 "굉장히 건강한대요"라 하신다. 그런데 할머니 옆에는 약이 한 보따리일 뿐더러 그분은 자기 병명조차 모른다. 의사가 적어준 대로 아침, 점심, 저녁 약을 복용하고 있다. …… 그분은 굉장히 건강한 거다. 그런데 수치상은 건강하지 못하다. 건강은 누가 매겨주는 수치가 아니다. 건강에 대한 자신의 주체성, 건강한 삶에 대한 기준을 찾아야 한다. 혹자는 남보다 더 재앙이 있을 수도 있고, 유전적으로 남보다 더 결함이 있을 수 있고, 남보다 더 제한된 삶을 살 수도 있고, 기관지가 더 약할 수도 있다. 그런데 남과 똑같은 평균적인 수치에 도달하려고 강박적으로 살아야 하는가에 대해서 회의를 갖게 된다. 건강한 삶이 어떤 것인가는 본인 스스로 세워야 한다. 돌봄의 가치가 재정립되는 것이 건강한 사회이다.

(50대 요양보호사 강사)

사람들은 누구나 건강하게 살고 싶어 한다. 하지만 현대의학은 건강과 질병을 가르는 기준치를 설정한다. 그 기준을 벗어나면 치료받아야 할 대상이 된다. 수축기 혈압이 120mmHg 이하이면서, 이완기 혈압이 80mmHg 이하이면 정상이지만 140/90mmHg 이상이면 고혈압이라는 병명이 붙여진다. 정상이면 건강한 것이고 정상 범위를 넘으면 병든 것인가.[2]

건강에 관심이 있는 사람이라면 세계보건기구의 저 유명한 건강에 대한 정의, '단순히 질병이 없거나 결함이 없는 상태가 아니라 신체적, 정신적, 사회적으로 완전한 안녕 상태'라는 정의를 한 번쯤은 들어보았을 것이다. 그러나 이 정의는 "지나치게 전인적이고 포괄적이다", "너무 이상적이고 추상적이다"라는 비판을 받아왔다.

현실의 의료나 보건 활동에 대한 지침으로서 갖는 의미도 상실하고 있다. 이 정의는 그저 세계보건기구헌장 전문을 그럴듯한 수사로 장식하고 있을 뿐인 것처럼 보인다. 여기에서 왜 세계보건기구가 내린 건강정의가 기존 의료시스템의 활동 원리로 녹아들지 못하는지 생각해볼 필요가 있다. 의사로서 오랫동안 세계보건기구 사무총장을 역임했고 그 설립 과정 역시 참여했던 말러(Halfdan Mahler) 박사가 소개했던 하나의 일화를 살펴보자.

이 일화는 세계보건기구가 만들어질 때 건강정의를 정립하는 과정에 대한 것이다. 세계보건기구는 1948년 창립되었고 조직의 활동 원리로서의 건강 개념은 제2차 세계 대전 직후인 1946년에 만들어졌다. 말러 박사에 따르면 제2차 세계 대전 기간 동안 레지스탕스로 활동했던 세계보건기구 임원 한 사람이 전쟁 직후에 자신의 레지스탕스 경험으로부터 현재 쓰이고 있는 건강정의를 도출했다고 한다. 그는 자신의 인생 가운데서 가장 건강했던 때를 생각해보며, 레지스탕스로 활동하던 그 살벌한 기간 동안에 자신이 가장 건강한 삶을 살았다고 느꼈다. 자신이 관심을 두고 있는 어떤 목적을 위해 매일 열정적으로 일했고 그와 소명을 같이하는 동료들과 함께하고 있었으며, 위험한 활동을 하다가 살해당하면 레지스탕스 활동가들 네트워크가 그의 가족들을 돌봐줄 것을 확신했다고 한다. 그가 가장 건강했고 살아 있음의 정수를 맛보았던 때는 바로 이러한 상황에서였다. 결국 그는 이러한 상태를 '단순히 질병이 없거나 결함이 없는 상태가 아니라 신체적, 정신적, 사회적으로 완전한 안녕 상태', 즉 건강이라 정의했다. 자신이 옳다고 믿는 바를 위해 능동적이고 적극적으로 삶을 영위하는 것, 이 과정에서 자신과 뜻을 같이하는 다른 사람들과 함께하는 것, 자신을 둘러싸고 있는 사람들과 신뢰성 있는 관계를 형성하는 것을 건강으로 본 것이다.[3]

그는 또한 이러한 상태를 권력관계의 변화와 관련지어 인식했다. 사회 구조를 변화시키기 위해 다른 사람들과 열정적으로 함께 일하는 사람들은 그들 스스로의 삶에 대한 모종의 권력수단을 갖게 되었음을 확신하기 시작한다. 다시 말해서 그들은 자신들의 삶에 영향을 미치는 것들을 통제하는 데 참여하게 된 것이다. 이것은 궁극적으로 그들 자신과 아울러 그들과 결속되어 있는 다른 사람들의 건강과 안녕을 증진시킨다.

우리나라 현대의료시스템을 염두에 두고 이러한 건강정의를 생각해보면 그야말로 뜬금없는 말처럼 들린다. 우리나라 현대의료시스템이 발 디디고 서 있는 건강 개념은 지속 가능하지 않고 사람다운 삶을 살아갈 수 있는 건강의 포괄적 의미를 담아내지 못하는, 지금부터 반세기 전에 세계보건기구 차원에서 "그런 것은 건강이 아니다"라고 포기되었던 바로 그 건강 개념이다.

기존의 의료시스템에서는 세계보건기구의 건강정의에 따른 활동을 조직하기가 어렵다. 그 시스템은 전문인에 의한 건강지식과 행위의 독점, 보건의료서비스를 생산하는 제 수단의 독점적 소유와 통제 위에 서 있기 때문이다. 이에 따라 세계보건기구는 지속적으로 기존 보건의료시스템의 방향재설정(reorientation)을 주장해왔다. 현재도 이를 위해 노력하고 있으나 그 효과는 최소한 현대의료시스템 안에서는 눈에 잘 띄지 않는다.

현대의료가 많은 면에서 과거와 구별되는 놀랄 만한 성취를 이루었음을 부정할 수 없다. 그러나 "그것이 정말 건강을 위한 것인가?"라는 질문 앞에 서면 회의적으로 답할 수밖에 없다. 현대의료는 지나치게 기술 위주로 발전되면서 전문화되어왔다. 그로 인해 의료시스템의 활동은 전문가들이 몸을 질병의 거소로만 인식하고 환자를 대상화함으로써, 의료에서 소외 현상을 심화해왔다. 이 소외 현상은 몸과 건강관리의 주체임에도 끊임없이 대상화되고 있는 환자들만 경험하는 것은 아니다. 의료 전문가 역시 물신화된 의료의 도구로서 건강으로부터 소외되어왔다. 진료현장에서 오랫동안 일한 의사들이 내가 약장사인지 건강을 돌보는 사람인지 잘 모르겠다고 하소연하는 경우를 흔히 본다. 이처럼 현대의료시스템의 진료는 세계보건기구가 내리는 건강정의에서 점차 멀어져왔음을 쉽게 알 수 있다.

건강실현 담론: 건강증진

또 하나 생각해볼 것은 제1차 보건의료와 건강증진의 개념이다. 1978년 세계보건기구가 정의한 건강 개념에 가장 근접한 활동 전략으로, 거의 모든 회원국들이[4] 참여해 합의한 선언이 구소련의 알마아타에서 행해졌다. 이 선언은 '2000년까지 인류 모두에게 건강을'이라는 모토를 내세우며, 지역공동체 주민의 적극적이고 능동적인 참여에 바탕을 둔 '제1차 보건의료'라는 전략을 채택했다. 알마아타선언 이후를 공중보건학에서는 흔히 '제1차 보건의료의 시기'라고 부른다. 이는 국가의료체계가 제1차 보건의료를 지원하는 방향으로 전반적인 방향재설정이 필요하다는 점을 반영한 것이다. 구체적으로 제1차 보건의료와 국가의료체계를 연결하는 중간 수준의 지역의료체계를 상정해서 제1차 보건의료 복합체 활동을 지원하는 방식의 중요성을 강조한 것이다.

우리나라에도 최근 지역의료체계의 핵심단위인 시, 군, 구 보건소에서 지역보건의료 발전계획을 주기적으로 수립하도록 하고, 이를 기반으로 보건의료 문제를 해결하려는 정부의 노력이 진행되고 있다. 하지만 이를 구체적으로 실행할 제1차 보건의료조직이 없는 현 상황에서 치료를 제외한 지역 주민의 포괄적 보건의료 문제는 대부분 무시되거나 개인의 책임으로 전가되고 있다.

「지역보건법」은 공공보건의료조직 중 하나인 보건소를 시군구

당 1개소씩 설립하도록 규정하고 있는데, 설립 장소를 읍면단위로만 한정하고 있다. 그러나 도시보건지소 시범사업의 점진적 확대에 따라 도시 지역에서 보건소를 설립하는 경우가 증가해, 현재는 20여 곳의 기초자치단체에 도시보건지소가 설치되어 있다. 시범사업을 진행하면서 주민들의 반응이 좋았기 때문에 도시보건지소 설립에 열의를 가지는 지방자치단체가 많아졌음에도 그 확산 속도는 더디다. 그러나 서울의 경우 박원순 시장이 도시보건지소 확대를 공약 사항 중 하나로 내걸었기 때문에 재임기간 동안 도시보건지소의 수는 현재보다 더 급속히 확대될 것으로 보인다. 현재 대부분의 도시보건지소는 취약계층을 직접 찾아가는 방문보건서비스와 아울러 건강증진사업을 주 사업 영역으로 하고 있다. 보건소의 경우 보건행정이나 과거의 전염병관리사업을 넘어, 만성 질환 관리 등 진료 영역뿐 아니라 건강증진사업 영역으로 그 범위를 더욱 확장하고 있는 실정이다.

1986년 캐나다 오타와(Ottawa)에서 열린 제1차 건강증진세계대회에서는 건강증진에 대한 정의에 따른 활동 영역을 크게 다섯 가지로 제시한 바 있는데, 이는 〈표 1-1〉과 같다.

일본의료협동조합의 경우 '건강한 의료기관 만들기, 건강 만들기, 건강마을 만들기, 사회 보장의 내실을 기하기', 이렇게 네 가지로 활동 영역을 정리해 제시하고 있는데, 오타와헌장에서 제시된

〈표 1-1〉 건강증진 활동 영역

1. 건강한 공공정책의 수립
2. 지원적 환경의 조성
3. 지역 사회 활동의 강화
4. 개인적 기술의 개발
5. 보건서비스의 방향재설정

건강증진의 다섯 가지 영역을 재범주화한 것처럼 보인다.

건강증진이라는 개념은 하나의 패러다임으로서 세계보건기구가 정의한, 건강에 조응하는 보건의료 활동 전반을 아우르는 용어이다. 이러한 건강증진이라는 개념은 보건교육과 밀접한 관련성을 가진다. 우리나라 「국민건강증진법」은 보건교육을 '개인이 자발적으로 스스로의 건강을 돌보게 하기 위해 정보를 제공하는 활동'으로 정의하고 있다. 흔히 보건교육은 건강에 대한 정보를 가진 전문가가 그 정보를 가지지 못한 이들에게 제공하는 과정으로 이해된다. 이에 따라 개인의 특정한 행동이 질병 발생과 연관성을 가지는지, 예컨대 흡연이나 신체 활동 부족 등이 어떻게 심장 질환의 발생과 연관성이 있는지 등, 전문가가 일반인들에게 알리는 활동이 주를 이루게 된다.

하지만 〈그림 1-1〉에 나타난 것처럼 보건교육은 한층 폭넓은 의미를 가진다. 보건교육은 개인적 역량을 강화하기 위한 것이기도

〈그림 1-1〉 건강과 보건교육의 관계

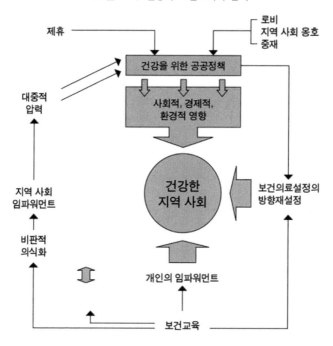

하지만, 이를 통해 건강과 관련된 문제에 대한 의제를 설정하고 비판적 의식화를 거치면서 지역 사회의 역량을 강화하기 위한 과정이라 할 수 있다. 이를 통해 사회 전체에 건강을 위한 활동이 가능해지는 토대를 만들어나가는 것이 보건교육의 과제이다. 이러한 의미에서 보건교육은 전문가가 비전문가에게 건강정보로서의 지식을 일방적으로 전달하는 과정이 아니다. 그보다는 파울로 프레이리(Paulo Freire)가 저서 『페다고지』에서 의식화라고 말한 과정 그 자체라고 할 수 있다.[5]

공동체와 건강: 오래된 미래

미국 펜실베니아 중동부 지역에 로제토(Roseto)라는 작은 마을이 있다. 이탈리아계 미국인들로 구성된 지역 사회이다. 1960년대 초반 이 지역 사람들이 심장 질환으로 인한 사망률이 낮다는 것이 알려지면서 그 원인을 찾기 위한 의학연구가 시행되었다. 의학적인 문진, 신체검사, 검사실검사 등을 이용해 15년에 걸쳐 진행된 이 연구는 뱅거(Bangor), 나사렛(Nazareth) 등 이웃마을 거주자들과 로제토 사람들을 비교해 진행되었고, 이후에 세 지역 사회에 대한 사회학적 연구가 추가적으로 진행되었다.

로제토 사람들은 대조군으로 설정된 지역에 거주하는 사람들과 비교해볼 때 비만율은 더 높았고 식이패턴이나 흡연, 운동습관은 유사했으며 인종적, 유전적 배경은 같았다. 이러한 요인들은 기존 의학연구를 통해 모두 심장 질환의 발생위험을 높이는 것으로 밝혀졌다. 그럼에도 이 지역 주민들의 심장 질환 발생과 이로 인한 사망 수준은 통계적으로 유의하게 낮았다.

의문에 휩싸인 연구진들은 그 동네 골목을 걷다가 무릎을 쳤다.

그 동네 사람들의 일상을 관찰한 결과 의문의 일단을 풀 수 있었기 때문이다. 어떤 아주머니가 걸어서 시장에 다녀오다가 골목에서 같은 동네 사람을 만났다. 그들은 서로 마주 보고 골목에 서서 웃고 떠들며 한참 수다를 떨다가 자기 집으로 돌아갔다. 그 수다에는 그들 삶의 기쁨과 애환이 모두 포함되어 있을 것이고 그 안에서 정서적 지지와 필요한 물리적 지원에 대한 제반정보들이 교류되었을 것이다. 주민들 간에 이루어지는 일상적인 교류가 서로 간에 관계망을 강화하고, 서로를 지지해주는 공동체를 일구는 데 일조한 것이다. 연구진들은 공동체를 중심으로 생활해나가는 지역 주민들의 생활 방식이 그 지역 심장 질환 사망률이 매우 낮은 이유라고 결론을 내렸다. 이러한 결론은 이후 사회학적 연구를 통해서 재차 확인되었다. 결국 조건 없는 상호 지원이 생활스트레스를 완화하고 생명을 연장한 것이라는 결론이 내려졌다. 그 동네에서는 잘산다고 위세를 부리면 더 버티기 힘들다. 성공한 사람은 그것을 바탕으로 다른 사람을 도와야 비로소 지역에서 인정을 받는다. 함께 살아가는 삶, 그 자체가 현대생활의 복잡한 요인들이 가하는 위험으로부터 방어막을 형성해주었던 것이다.

이러한 의미에서 삶의 뿌리인 지역 사회, 곧 공동체로부터 외면받은 채 살아가는 삶은 결국 정신적으로도 신체적으로도 불(不)건강을 낳는 근본적 원인 가운데 하나임을 알 수 있다.[6]

2

/

도시에 산다는 것

건강도시란 물리적, 사회적, 환경적 여건을 창의적, 지속적으로 개발
해나가는 가운데 개인의 잠재능력을 최대한 발휘할 수 있고, 시민들
이 상호 협력함으로써 최상의 삶을 누리는 도시이다.

(WHO, 세계보건기구)

도시의 삶은 모두 바쁘다. 너무 바쁘다 보니 내가 살고 있는 동
네를 살필 마음의 여유가 없다. 미국 어느 대학의 학생들을 대상으
로 재미있는 실험을 했다. 학생들에게 거리가 상당히 떨어져 있는
A강의실에서 B강의실까지 가는 시간을 5분, 10분, 30분으로 배정
하고 주위를 관찰하라는 미션(mission)을 준 것이다. 5분 만에 이동
해야 하는 학생들은 주변에 무엇이 있는지 전혀 기억해내지 못했

다. 뒤이어 10분 동안 이동한 학생들은 몇 가지를 기억해냈다. 30분이 주어진 학생들은 거리를 걷던 노인과 대화를 하더란다. 이 연구결과는 우리에게 많은 시사점을 던져준다. 지금 우리는 자본주의 경쟁구도 속에서 익명성에 기반을 두고 살아가며 '사람'이 보이지 않는 도시에 살고 있다.

서울의 달동네, 택시기사도 거부하는 동네

"아줌마, 총 맞았어요? 1억 원으로 이런 곳에 집을 사게?"

"택시기사도 거부하는 동네, 내가 왜 이런 동네에서 살아야 하나 서러웠어요."

"누구나 좋아서 오고 싶어 하는 동네로 만들고 싶은 새로운 소망이 생겼어요."

"고령화시대에 장애인을 위한 일자리를 창출하기 위해 노력하는 모습을 보며, '과연 이런 동네도 있구나. 사람들이 너무나 순수하게 살고 있구나. 내가 마치 딴 세상에 온 것 같다. 서울에서 우리끼리 너무 각박하게 살아왔구나' 싶어 반성이 되었어요."

2012년 7월, 원주협동사회경제네트워크 방문을 마치고 돌아오는 버스 안에서 동네 주민들은 그동안 맺혀 있던 말들을 쏟아냈다. 이 자리는 서울시복지건강마을지원단(성공회대학교평생학습사회연구소·걷고싶은도시만들기시민연대·한국의료복지사회적협동조합연합회)이 마을공동체 선진견학으로 마련한 자리로, 서울시에서 추진하고 있는 건강친화마을조성사업 지역인 강북구와 성북구 주민 80여 명이 버스 두 대에 함께 올랐다.

지학순, 장일순을 칠판에 쓰며 시작한, 협동마을 원주가 있기까지의 역사와 의미를 설명해주신 김영주(무위당 만인계) 회장님의 말씀은 지역 주민, 보건소 관계자, 지원단 연구원들의 마음을 후끈 달아오르게 했다. 강북구 주민들은 노인생활협동조합에서 직접 운영하는 식당에서 식사를 하며 감동을 듬뿍 받고 있던 차였다. 노인들의 외로움, 소일거리, 경제력, 건강의 문제를 함께 해결하고자 만들어진 노인생활협동조합 활동과 뒤이어 의료협동조합의 활동에 대한 설명을 들은 후, 장애인이 설립한 사회적 기업 방앗간 '시루봉'과 토지문화관을 둘러보는 일정으로 견학이 진행되었다. 짧은 하루 일정의 견학을 통해 가난해서 포기하고 싶었던 도시에서의 삶을 다시 돌아보고 이웃을 잊고 있었던 우리의 삶을 되돌아보았다.

반지하에 사시는 분, 문을 못 여신단다. 억지로 힘을 내서 열어주신다. 소변 호스와 또 다른 호스가 몸에 달려 있다. 뭐지? 의아해하는 내게 자궁암 수술을 받고 치료 중이시라고 하신다. 완치되기가 어렵다고 하신다. 남편은 위암으로 얼마 전 돌아가셨단다. 자녀도 없으시다. 왜 이리도 가슴 아픈 이웃들이 많이 있는 건지 …… 모르고 살아온 강북구 번동 148번지. 20년의 내 인생이 참 밉다. 그분은 기초수급자라 나라에서 도움을 받지만, 그 도움이 고마워 시간을 내 장애인복지관에서 봉사도 하신단다. 몸에 호스를 달고 ……. (강북구 148 마을조사원)

도시에서 산다는 것, 도시의 가난한 이들이 건강하게 산다는 것은 어떻게 실현 가능한가. 건강 문제 해결에 있어 마을에 사는 지역 주민의 시선에서 지역공동체를 바라보고, 지역 주민 스스로가 조직화되는 일이 아주 짧은 시간에 강북구 번동 148번지에서 일어났다. 병원도 약국도 없는 가난한 동네. 6개월 만에 주민건강지도자 25명이 발굴되고, 5개 건강 관련 주민소그룹이 형성(자율방범대, 학부모 모임, 건강조사원 모임 등)되었다. 주민 스스로의 힘으로 전체 주민의 2/3에 달하는 1,903가구에 대한 건강조사가 이뤄졌다. 26명의 건강조사원을 선발해 10시간의 사전교육훈련 후에 건강조사를 실시한 것이다. 설문조사를 위해 한 집에 17번씩 방문하기도 한 그들의 열정은 어떤 것이었을까. 이웃으로 살았지만 이웃이 아니었던 이들이 이웃에 관심 갖는 그 순간, 삶에 변화가 일어났다. 자발적으로 반찬봉사단을 만들어 독거노인을 지원하는 등 따뜻한 공동체 활동을 벌이기도 했다. 이처럼 서울시에서 지원한 건강친화마을조성사업은 본래 3년간 진행될 예정으로 서울시 보건소들의 많은 관심을 받으며 출발한 사업이었으나, 여러 가지 우여곡절 끝에 1년 만에 종결되었다. 짧은 시간 강북구 번동 148번지에서 진행되었던 건강친화마을조성사업은 공공자원(보건소)과 시민운동 역량(주민조직)이 효과적으로 결합될 경우, 빈곤계층 밀집 지역이 건강마을로 변할 수 있다는 가능성을 보여주었다는 점에서, 프로그램적 측면에서 성공적으로 평가되고 있다. 그럼에도 이 사업은 1년 만에 종결되었다. 차후에라도 이 사업에 대한 적절한 평가가 이뤄져야 할 것이다.

"외부 간섭 없이 진행되었다면 지금보다는 더 잘할 수 있는 사업이었는데 ……"라는 마을 주민의 평가처럼 몇 가지 아쉬움은 남지만, 이 프로젝트사업이 종결된 이후에도 모임은 계속 이어지고 있다. 가난한 동네에서 그들은 무엇을 발견한 것일까. 그들로 하여금 계속 모임을 지속하게 하는 동력은 무엇인가. 변화를 경험한 이들은 외부 지원사업의 한계를 통감한 후, 결국 자신들의 힘만으로 협동조합을 준비해 출범시켰다.

건강도시란?

건강도시 프로젝트는 1987년 오사카헌장을 토대로 유럽 16개국 30개 도시에서 처음으로 시작되어 현재 전 세계적으로 2,000여 개

이상의 지역에서 추진되고 있다. 대부분의 건강도시 프로젝트에서는 과거의 개인적, 행태적 접근방법을 탈피해 건강을 위한 생활터전 중심의 건강증진방법을 핵심 전략으로 채택하고 있다.

우리나라 역시 건강증진사업이 시작된 지도 벌써 20년을 바라보고 있다. 1995년 처음 「국민건강증진법」이 만들어진 이후 보건소는 건강증진사업을 추진하면서 많은 혼란을 겪었다. 초창기에는 미국을 벤치마킹해 개인의 선택을 강조하면서 개인의 건강과 관련된 행동과 생활양식의 변화를 촉구하는 데 초점이 맞춰져 있었다.[1] 그러나 건강결정요인은 단순히 개인 의지만이 아니라 법, 제도, 환경 등 다양하다. 즉, 건강결정요인은 한 가지에 국한되지 않으며, 사실상 우리 삶에 영향을 미치는 모든 요인이 건강과 무관하지 않다. 〈그림 2-1〉[2]은 각 개인의 건강에 영향을 미치는 결정요인들을 구조화해 이를 한눈에 잘 보여주고 있다. 이 그림에서 볼 수 있는 것처럼 의료는 건강의 중요한 결정요인이지만 일부에 지나지 않는다. 의료와 더불어 다른 요인들이 중층적으로 건강을 결정하고 있음을 알 수 있다.

다음으로 사회통합(social integration) 지표는 사람들이 지역 사회에 참여하는 정도와 타인을 신뢰하는 정도를 통해 측정된다. 최근에는 건강결정요인을 나타내는 지표로 사회자본의 개념이 중시되고 있는데, 이 개념은 신뢰와 상호성을 그 핵심적 내용으로 하고

〈그림 2-1〉 건강의 결정요인

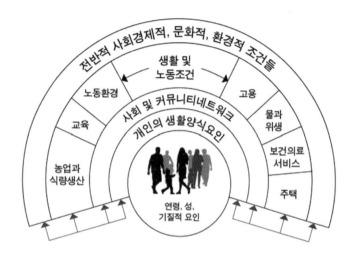

있다. 우리나라는 소득불평등 수준과 비교해보아도 사회적 신뢰 수준이 낮다.

이러한 지표들은 그 자체로 사회의 건강 수준을 나타내기도 하지만, 개인의 건강에도 직접적인 영향을 미친다. 그동안 건강생활 실천 활동의 일환으로 흡연이나 음주 등 개인적인 건강생활실천에 많은 주의가 집중되었지만, 최근에는 전반적인 사회경제적, 문화적, 환경적 조건들과 아울러 사회와 공동체를 통해 형성된 관계 등에 대한 관심이 높아지고 있는 것이다.

결국 건강은 일상생활과 밀접한 관련성을 가지며 물리적, 사회적, 환경적 요인에 의해 큰 영향을 받는 생활터전의 총체적인 변화가 전제되어야만 하는 것이다.

따라서 최근에는 세계보건기구를 중심으로 '물리적, 사회적, 환경적 여건을 창의적이고 지속적으로 개발해나가는 가운데 개인의 잠재능력을 최대한 발휘할 수 있고, 시민들이 상호 협력함으로써 최상의 삶을 누리는 생활터전의 개념'으로서 '건강도시'의 개념이 정립되어가고 있는 듯하다.

우리나라는 1996년 과천시 시범사업으로 시작해 62개 지방자치단체가 서태평양건강도시연맹(Alliance For Healthy Cities: AFHC)에 가입했는데, 서태평양건강도시연맹 회원도시의 60%가 우리나라

도시들이라고 할 정도이다. 또한 2006년 대한민국건강도시협의회 (Korea Healthy Cities Partnership: KHCP)가 발족되어 64개 지방자치 단체가 여기에 가입하는 등, 지난 10년간 건강도시를 지향하는 지 방자치단체 수가 증가해왔다.

현재 서울시는 23개 자치구가 대한민국건강도시협의회와 세계 보건기구의 서태평양건강도시연맹에 가입해 회원 활동을 하고 있 다. 서울시 자체 건강도시 팀을 조직해 적극적으로 건강도시사업 을 추진하고는 있지만, 각 자치구 특성에 맞는 구체적 프로그램을 개발하는 데는 어려움을 겪고 있는 것이 현 실정이다. 그래서 앞에 서 제시하는 '건강도시조건'이 일상에서 늘 점검되는 과정이어야 한다.

건강도시의 특징

건강도시 개념이 우리 삶의 터전을 건강하게 조성하는 데 큰 도 움이 되는 이유 중 하나는 이것이 특정 수준의 건강과 생활조건을 달성하는 '기준' 역할을 하는 것이 아니라, 지역 사회를 건강도시로 만들어나가고자 하는 '의지'와 '노력'에 초점을 맞춘다는 점이다. 즉 건강도시 프로젝트는 주민 건강에 영향을 미치는, 그 지역 사회 에 있는 다양한 요인들을 주민 건강에 이로운 방향으로 개선해나 가는 개인과 지역 사회 활동의 총체인 것이다. 따라서 건강도시 프로젝트는 이러한 노력을 '인구, 건강 수준 및 삶의 질, 건강결정요인, 지역 사회 참여, 형평성, 건강도시 활동'의 6개 영역에 걸쳐 추진하도록 하고 있다. 이를 추진하기 위해 준수해야 할 원칙과 특징에는 어떤 것들이 있는지 살펴보자.

첫 번째, 형평성이다. 모든 사람들은 그들의 건강과 관련된 잠재력을 최대한 현실화시킬 수 있는 권리와 기회를 가져야 한다. 우리나라를 포함해 많은 국가들이 건강권을 인간의 기본권으로 인식하고 있다. 그러나 이러한 선언적 의미를 넘어 건강할 기회의 공평한 분배가 실질적으로 이루어지고 있는가에 대해서는 회의적인 견해가 많은 것이 사실이다. 건강할 기회를 공평하게 배분하기 위해서는 다양한 건강결정요인, 특히 도움이 되는 자원의 공정한 배분을 시도해야 한다.

두 번째, 건강증진이다. 건강도시를 만들기 위해서는 오타와헌장에 제시되어 있는 건강증진 원리를 이용해 건강을 향상시키기 위한 노력을 해야 한다. 건강의 총체적 본질을 이해하고, 신체적, 정신적, 사회적 차원의 상호 작용을 분명히 인식해야 한다. 또한 건강은 지역 사회 내의 모든 개인 및 집단의 협력을 통해서 만들어질 수 있다는 관점을 분명히 해야 한다.

세 번째, 행정 부문 간 활동이다. 건강은 지방자치단체 내 행정 부문의 활동과 결정에도 많은 영향을 받는다. 보건의료 부문이 아닌 여타 부문들이 행하는 활동 역시 일상적으로 지역 사회의 건강에 영향을 미칠 수 있다. 따라서 지방자치단체의 다양한 행정 부문들 간에 지역 사회 주민들의 건강을 증진시키기 위해 공식적으로 논의할 수 있는 조직을 형성하는 것이 필요하다 하겠다.

네 번째, 지역 사회의 참여이다. 건강과 관련된 결정을 수행하는데 충분히 정보를 제공받고 동기화된 지역 사회 주민의 적극적인 참여는 핵심적인 요소이다. 지역 사회 주민들은 직접적으로 건강도시 프로젝트 수행 과정에서 다양한 의사결정에 참여할 수 있을 뿐만 아니라 이를 통해 지방 정부 및 지역 사회 조직 활동에 영향을 줄 수 있다.

다섯 번째, 지원적 환경이다. 건강도시와 관련된 계획들은 건강 지원적인 물리적, 사회적 환경 구축과 관련된 이슈들을 다루어야 한다. 여기에는 생태학 및 지속 가능성의 이슈뿐만 아니라 사회적 네트워크, 운송, 주거 그리고 여타 환경 관심사를 포함한다.

여섯 번째, 정치적 의사결정과 책임성이다. 다양한 부문에서 활동하고 있는 정치가, 고위 집행자 및 관리자의 결정은 건강에 영향을 미치는 조건들에 변화를 줌으로써 건강에 영향을 미친다. 건강에 영향을 미칠 수 있는 대표적인 부문은 주택, 환경, 교육, 사회복지 및 보건의료서비스와 기타 건강에 영향을 미칠 수 있는 다양한 부문들이며, 중앙과 지방의 의사결정자들은 이들 부문이 지역 사회 주민의 건강에 관련한 책임을 질 수 있도록 정치적 의사결정을 해야 한다.

일곱 번째, 평화에 대한 권리이다. 평화는 건강의 가장 필수적인 선결요건이고, 평화의 획득은 지역 사회 주민의 최대 건강 상태를 달성하려고 노력하는 사람들의 목적 중 하나이다.

여덟 번째, 혁신이다. 부문 간 활동을 통해 건강을 증진하고 질병을 예방하기 위해서는 지속적으로 새로운 아이디어와 방법을 개발해야 한다. 건강도시 프로젝트의 성공은 각 부문의 활동이 혁신을 위한 기회를 창출할 수 있는지, 그 능력에 달려 있다고 해도 과언이 아니다. 결국 이러한 능력은 건강한 공공정책으로 연결될 수 있을 것이다.

궁극적으로 이러한 특징과 지표들이 도시에 살고 있는 시민들 삶의 질에 어느 정도 영향력을 미치고 있는지, 지속적인 모니터링과 피드백이 필요하다 하겠다.

건강도시인증: 건강 수준의 지표가 아니다

2005년에 세계보건기구는 제주도를 '건강도시'라 인증했다. 그러나 실상은 매우 달랐다. 제주도민의 흡연, 음주, 비만율이 전국 최고 수준에 달한 것이다. 인증 당시 제주도는 건강도시로서 인프라를 구축하고, 도민들이 건강한 생활을 실천할 수 있도록 건강 친

〈표 2-1〉 건강도시에서의 생활터전 접근방법1)

생활터전 접근	내용	국내 사례

건강한 학교	- 건강한 학교 환경 조성
	- 어린이 대상 건강증진사업
	- 어린이 보호구역 개선
	- 청소년 금연절주사업
		- 서울시: 강남구, 강동구,
		  동작구(어린이집), 서대
		  문구, 성동구, 중구
		- 창원시(건강한 대학)

건강한 시장	- 식재료의 위생적인 취급 - 건강을 고려한 시장 환경 개선	서울시: 광진구, 금산군
건강한 직장	- 건강을 고려한 작업 환경 개선 - 직장 내 건강증진사업	서울시: 구로구, 도봉구
건강한 병원	- 환자, 직원, 지역 주민을 위한 건강 증진사업 - 병원 구조 및 환경의 개선	부산시: 진구
건강한 지역 사회	- 농촌마을 u-health사업 - 흡연 없는 마을 - 노인과 함께하는 건강마을 - 건강한 아파트 만들기	- 서울시: 성북구 - 원주시: 금산군, 남해군 - 천안시: 녹색소비자연대
건강 섬 만들기 프로젝트	취약계층인 도서지역 주민들의 건강을 위한 프로젝트	- 보령시: 건강증진사업지 원단(외연도)

자료: 김건엽(2008)

화적 환경을 조성하겠다고 약속했으나, 약속이 잘 지켜지지 않은 것이다.

건강도시는 시민들의 건강을 위해 물리적, 사회적 조건을 뒷받침할 수 있도록 도시 환경을 조성하는 도시이자, 모든 시민이 존엄성을 지키며 생태학적 균형을 유지할 수 있는 기반을 마련해 최상의 삶을 누릴 수 있는 도시를 말한다. 세계보건기구는 이를 '물리적, 사회적, 환경적 여건을 창의적, 지속적으로 개발해나가는 가운데 개인의 잠재능력을 최대한 발휘할 수 있고, 시민들이 상호 협력함으로써 최상의 삶을 누리는 도시'라 규정하고 있다. 여기에서 결과가 아니라 과정(process)을 중시한다는 점이 종종 강조된다. 그러나 마치 건강도시인증이 건강 수준을 인정받았다는 결과물로서 선포되어 일회성 프로젝트로 운영되거나, 건강도시 프로파일만 제시하고 지속적인 모니터를 하지 않는 문제점들이 국내 건강도시 사례에서 지적되고 있다.[3]

건강이라는 것 자체가 워낙 총체적인 개념인 만큼, 건강도시는 별도의 사업이나 기획이 아니라 기존의 도시 발전계획에 지역 주민의 건강이라는 목표를 더욱 강조함으로써 유기적으로 통합되어야 할 것이다. '건강도시' 이전에 건강증진사업이 교육과 기술을 함양시킴으로써 개인의 행태 변화를 이뤄내려 했다면, '건강도시'사업은 '물리적 환경과 법적·제도적 환경 개선'에까지 그 영역을 넓혔다. 그 결과 금연거리, 금연공원, 금연아파트 등 금연과 관련된 환경 조성과 금연 관련 조례 제정으로 법적 제도를 만드는 데 기여했다. 담배연기로 가득하던 공원이 지금은 흡연가가 자취도 없이 사라졌으며, 길거리에서 흡연하는 사람도 많이 준 것이 곧 이 같은 사업의 성과라 볼 수 있겠다. 자전거 도로가 여럿 생겨나고, 학교

매점에서 인스턴트식품 대신 과일을 파는 건강매점이 시도되고, 운동을 의무화하는 학교도 늘어나 가시적인 성과가 점차 드러나고 있다.[4]

서울시 강동구는 2012년 10월에 호주에서 개막한 '제5차 서태평양건강도시연맹 국제대회'에서 '건강도시 발전' 부문 최우수상을 받았다. '건강 인프라 구축, 정책의 실효성, 주민 참여 유도, 지역사회 인식 개선 및 교육' 등의 부문에서 높은 점수를 받았을 뿐만 아니라, '창조적 개발상'과 '신체 활동증진', '건강증진학교' 등 3개 분야에서도 우수도시로서 선정되었다.

그동안 국내 건강도시 추진 사례들을 보면, 건강도시로 발전시키기 위해 필요한 정보와 기술지원, 정치적 영향력을 확보하기 위해 국제네트워크에 가입하는 것이 관건이었다. 서태평양건강도시연맹에 회원도시의 60%가 우리나라 건강도시라는 사실이 이를 입증하는 현 주소이다.

이렇듯 지난 10년간 지방자치단체들이 앞다퉈 건강도시를 선포하던 가운데 2013년 6월 5일 의미 있는 토론회가 하나 열렸다. 이 토론회는 한국건강증진재단의 주최로 건강도시정책의 의미를 되새기는 자리였다. 건강도시는 단 한 번 치르고 말 이벤트가 아니라 하나의 '과정'이어야 함을 재차 확인하며, '사람 중심'의 정책이 마련되어야 한다고 토론 자리에 모인 모두가 입을 모았다. 건강도시는 결코 몇 가지 지표로 확인될 수 있는 것이 아니다. 그러므로 건강도시인증은 '결과물'이 아니다. 건강을 도시의 주요 문제로 인식하고 그것을 개선시키기 위한 '노력'을 하겠다는 의지이며 출발이다. 그래서 일상에서 늘 점검되는 과정이어야 한다.

3

/

건강도시, 꿈과 실현

공공의료 30% 확대하겠다는 공약, 재원도 조직도 있었는데 왜 하지
못했는가?

(김용익 현 국회 의원 겸 보건복지위원회 위원, 서울대학교 보건대학원 교수)

먼 훗날 의미 있는 사건이 될 거다

한 사람이 툭 던지자

흩어져 있던 사람들이

한곳으로

모여들었다.

  ......

짧은 순간,

미처 준비 없이

어설프게

스마트폰으로 찍은

흐린 사진 한 장

먼 훗날 선명한 흐름을 만들어낼지 모른다.

지금은 해상도가 떨어진 사진처럼

미약하나

우리가 가슴 설레며 함께 꾸는 꿈

먼 훗날 하나의 사건으로 기록될 것이다.

역사란 꿈꾸는 자가 만들어간다.[1]

2011년 9월 21일 한국의료복지사회적협동조합연합회가 주관한 "민간의료의 공공성 강화를 위한 지역 사회 연대 전략" 정책토론회에서, '보건의료의 공공성 강화와 민간의료의 변화'에 대해 김용익 의원의 발표가 있었다. 또 녹색병원, 보건의료노조, 건강세상네트워크, 안성의료협동조합, 공의사모(공익의료를 지향하는 사람들의 모임)에서도 이번 발표에 대한 토론이 열렸다.

20여 년 가까이 지역에서 협동 방식으로 보건, 의료, 예방 활동을 펼치고 있는 의료협동조합은 그동안 의료계에서도, 운동권에서도 인정받지 못하는 대안 활동이었다. 우리 사회 의료운동은 주로 직종별 조직 방식을 선호하고 이를 통해 정책이나 제도를 개선하는 활동이 큰 관심사였기 때문이다. 그러나 이번 토론회는 의료운동단체나 기관들이 의료현장운동이 상대적으로 소홀했음을 인정하고 민주의료기관 간의 연대를 제안하는 자리였다.

토론회가 개최된 배경은 이렇다. 2011년 초, 인천평화의료협동조합을 방문한 김용익 의원이 의미 있는 발언을 했다. "참여정부 사회정책 수석비서관 시절 공공의료를 30% 확대하겠다는 공약을 제시했다. 재원과 조직도 있었는데 이를 실행하지 못했던 것은, 공공성 강화를 위한 노력에 더해 민간영역의 공공성 강화 방안이 모색되지 않았기 때문"이라는 것이다. 다시 말해 공공의료 영역인 보건소에 의료협동조합의 다양한 보건예방 활동들이 접목되면 좋을 것 같다는 의견이었다.

토론회 참여후기 글들이 홈페이지와 페이스북 등에 올라올 정도로 의료협동조합의 조합원들은 매우 고무되었다. 보건의료 과제를 1차 의료 중심으로 풀어내던 민간의 여러 실험이 국가 중심의 공공의료 강화에 주력하던 보건의료운동과 다시 만나는 가슴 설레는 한 장면이었다. 이러한 일이 성사되기까지는 오랜 시간이 걸린 셈이다.

진보적 보건의료운동은 "1987년 6월 항쟁 때 한마음으로 투쟁한 우리 보건의료인들이 비민주적이고 반민중적인 사회 체제와 정치

현실을 극복하고 의료 문제를 해결하기 위해 각 분야별, 사안별로 보건의료단체를 건설"[2]하면서 시작되었다.

이러한 시대적 배경하에 천주교를 중심으로 한 교회빈민의료협의회(이하 빈의협, 1986년)와 개신교 중심의 기독청년의료인회(이하 기청의, 1987년)가 창립되었다. 이후 직종별로 인도주의실천의사협의회(1987년), 건강사회를위한약사회(1988년), 노동과건강연구회(1988년), 건강사회를위한치과의사회(1989년), 참의료실현청년한의사회(1989년) 등이 결성되었으며, 이들 단체는 초기 연대 활동으로 활동가 간에 네트워크 활동을 긴밀히 해나갔다. 2000년 이루어진 의료 보험 통합과 의약 분업에 대한 평가는 엇갈릴 수 있으나, 한국 보건의료 역사에 획을 긋는 큰 사건이자 정책 변화라는 데는 이견이 없다.[3] 이러한 정책 변화를 가져오게 된 이면에는 진보적인 보건의료단체 활동이 있었다.

2001년 6개 보건의료단체가 민중의 건강권 확보를 위해 '건강권실현을위한보건의료단체연합(이하 보건의료연합)'이라는 연합조직을 건설함으로써 보건의료운동의 분화 과정이 이루어졌다. 신천연합병원의 초기 설립 주체였던 빈의협은 활동을 해산하고, 기청의는 보건의료연합을 결성하는 과정에 독자적인 신앙공동체로서의 활동을 선택하게 된다. 보건의료만큼 한 나라의 정치관계를 잘 보여주는 부문도 없다. 급격한 국내외적 환경 변화 속에서 많은 모순이 격정적으로, 또 중첩적으로 대립하기도 하고 때론 돌파되기도 한다. 신영전 교수는 김창엽 교수와의 저서『보건의료개혁의 새로운 모색』에서 "역동적인 한국 사회에서 보건의료 영역은 크고 작은 모순, 이해당사자 간의 첨예한 갈등, 다양한 개혁적 주장들로 가득 차 곧 터져버릴 듯 끓고 있다"고 이야기하고 있다.

최근 보건의료사회운동 진영은 건강세상네트워크, 백혈병, 중증 질환의 환자 관련 단체 등으로 더욱 세분화, 전문화되어가면서 연구공동체건강과대안, 시민건강증진연구소 그리고 한국건강형평성학회, 건강정책포럼과 같은 학회 중심의 활동들로 다양하게 활동하고 있다.

의료협동조합: 출발

공감은 살아갈 힘을 불어넣어 준다. 남루한 마음자리를 보듬으면서 존재에 깊이 참여하기 때문이다. (김찬호,『생애의 발견: 한국인은 어떻게 살아가는가』)

옆집 노인이 죽어 며칠씩 방치되어 있고, 치매가 있는 부모를 창고에 가두고, 노부모를 택시에 태워버리는 택시 고려장, 그리고 수없이 버려지는 노인들 ……. 과연 우리가 진정 가져야 하는 가치는 무엇일까? 이웃집 아이들을 서로 돌보고, 음식을 나눠 먹고, 불편한 이웃집 노인의 약을 타다 드리고, 집안의 경사가 있으면 이웃을 초대하는 등 어려울 때 서로 돕고 서로에게 위안이 되는 '살맛나는 세상'을 꿈꾸는 건 너무 허황된 것인가.

반듯반듯 올라가 있는 콘크리트 아파트, 그 뒤에 가려진 슬레이트 지붕의 집들. "담벼락에서 냄새나는 집을 찾으면 돼요." 처음으로 가정방문을 따라나선 나에게 간호사가 들려준 말이다. 대문이라고 할 수 없는 문을 열고 들어서니 부엌을 지나 방문 바로 옆에 할머니가 누워 계신다. 들어서는 순간 코를 찌르는 악취. 집 전체에 냄새가 배어 있고, 할머니는 옷을 입으신 채로 오줌을 싼 상태 그대로 방치되어 있다. 머리맡에는 며칠씩 된 것 같은, 누렇게 밥알이 눌러 붙어 있는 전기밥솥이 있고, 한쪽엔 뚜껑도 덮이지 않은 김치찌개가 덩그러니 놓여 있다. 할머니는 연탄가스 사고로 지능이 약간 떨어지는 아들과 함께 살고 있으나, 낮에는 주로 혼자 계신다. 집 전체에서 나는 냄새를 없애기 위한 나프탈렌과 방 안을 기웃거리는 쥐를 잡기 위한 고양이가 집에 들어서는 입구를 지키고 있다. 71세의 이 할머니는 1996년 대퇴골 수술 후 거의 거동을 못하고, 혼자서 조금씩 기어 다닐 수 있으신 정도이다. 손가락이 문지방에 끼어 골절되기도 하고, 기어 다니다 이마가 부딪혀 온 얼굴까지 시퍼렇게 멍이 들어 있기도 하고, 어

느 때는 바지에다 똥, 오줌을 싼 채 방치되어 있는 경우가 비일비재
하다. (박봉희, 2012)

인천평화의료협동조합에서 진행한 가정 방문 사례이다. '도시
한편에 어떻게 이런 곳이 있을까?' 당시 충격이 생생하다. 주변을
살펴보면 노인 부양 문제로 여러 가지 어려움을 겪는 가족들이 많
다. 경제 성장에 따라 살기가 좋아지고, 의학이 발달하면서 인간의
수명이 연장되고 있지만 노후생활에 대한 적절한 대책이 없어 이
것이 커다란 사회 문제로 떠오르고 있다.

지역으로 눈을 돌려보면 의료 취약계층인 노인의 건강 문제와
더불어, 산업화 과정에서 파생된 환경오염으로 인해 생겨난 건강,
실직, 결손 가정의 문제 등 1차 의료에서 걸러져야 할 건강과 복지
영역의 문제들이 산재해 있다. 이러한 실정에서 공공의료 부문이
하지 못하는 것을 지역 주민과 함께 만들어내고, 이윤보다는 공공
의 이익과 주민건강증진에 힘쓰고, 이를 통해 지역 공공의료 부문
이 제 역할을 하도록 견인해야 할 주체가 절실하다. 의료협동조합
은 이러한 현실에서 출발했다.[4]

의료협동조합: 만든 사람들[5]

아는 것과 행동하는 것은 함께 가는 거다. (권영근, 의료협동조합연합회

건강관연구모임)

의료협동조합은 지역 주민과 의료인이 협동해 의료, 건강, 생활과 관련한 문제를 해결하기 위해 조직된, 지역 주민 주도의 자발적 협동공동체이다. 의료협동조합은 건강한 지역 사회를 만들기 위해 조직된 공동체로 '환자가 주인'이 되는 새로운 패러다임을 제시하고 있다. 아직 우리나라에서는 생소한 조직이지만 이웃나라 일본에서는 의료협동조합운동이 활발해 의료협동조합 수가 111개, 참여하는 조합원이 280만 세대를 넘어서고 있다. 일본의료협동조합은 1931년 일본의사회의 반대를 무릅쓰고 농촌의료 문제 해결을 위한 모델로서 도쿄의료이용조합을 설립하기 위한 운동이 일어나면서 출발했다. 이후 이것이 계기가 되어 전국 농촌에 의료산업조합운동이 확대되었다. 이를 주도한 이가 일본의 가가와 도요히코(賀川豊彦: 1888~1960)이다.[6]

1994년 한국 사회에서 첫 선을 보인 의료협동조합은 안성을 시작으로 인천, 안산, 서울, 대전, 원주 등에 조직이 결성되었고, 현재 한국의료복지사회적협동조합연합회 소속 단체들(2012년 말 의료협

<표 3-1> 의료협동조합의 주요 사업

의료사업	의원 10개소, 한의원 15개소, 치과 6개소
노인복지사업	가정간호 2개소, 재가장기요양기관 10개소, 단기보호시설
예방사업	검진센터 7개소
직원	의사 50여 명, 직원 400여 명
사업고	100여 억
조합원	3만 6,000세대
출자금	49억 이상
활동 조합원	1,780명
건강 소모임, 반모임	소모임 121여 개, 반모임 180여 개

동조합 20개, 준비 단위 10여 개)은 〈표 3-1〉에서 제시하는 바와 같이 1차 의료기관(사업소)을 운영하고 있다.

비영리 법인인 의료협동조합에서 운영하는 병원은 조합원이 출자금을 내고 병원을 세워 공동으로 소유하고 운영하기 때문에 개인 소유인 기존 병원과 다르다. 의료인 중심의 진료가 이루어지는 기존 병원과 달리 환자 중심의 진료를 행하고 있으며, 환자의 권리를 지키는 데 앞장서고 있다.

의료협동조합에서는 환자의 이야기를 제대로 듣지 않거나 알아보기 힘든 처방전을 주거나 항생제 등의 약을 과다 처방하거나, 고가의 진단 장비 위주로 진료를 하는 일은 없다. 자, 그러면 이제 이런 활동이 처음에 어떻게 출발했는지 살펴보자.

1호, 최초의 농민의원, 의료인과 농민회의 협동

의료협동조합을 움트게 한 씨앗을 심은 때를 돌이켜보면, 지금으로
부터 23년 전으로 거슬러 올라간다. 의과대학에서 기독학생회를 같
이했던 친구들 10여 명이 졸업을 앞두고 반월동에 살던 협동조합운
동을 하는 선생님을 만나러 간 적이 있었다. 돌아오는 길에 근처 모
다방에서 진지하게 졸업 후 진로를 이야기했던 기억이 난다. 그때는
의사로서 노동운동이나, 농민운동에 기여하는 진로를 모색하는 것이
당연하다고 생각했고, 나는 단호히 농촌으로 내려가겠다고 이야기했
던 것으로 기억한다. 왜 그랬는지는 모르겠지만 가야 한다고 생각했
다. 그로부터 몇 년 후 서울에 있던 쌀 직거래운동을 하던 한 쌀집을
통해 고삼면 청년회와 연결이 되었고, 고삼면 가유리 상가에서 농촌
주말 진료를 하게 되었다(현재는 연탄광으로 사용되고 있다고 한다).
그때만 해도 농촌 진료 활동은 주로 방학 때 가는 것이었고, 주말 진
료 활동은 노동자를 위한 활동이 대부분이었던 때였다.

가정의학과 전공의 2년 차 때인 1987년 4월 처음으로 안성군 고삼면
가유리 상가부락에 박계열 선생과 같이 가게 되었다. 토요일 오후 용
산 시외버스 터미널에서 버스를 타고, 안성읍내에서 다시 시내버스

를 타고 들어갔다. 그때부터 안성과의 인연이 시작된 것이다. 처음에는 30여 호 되는 가정을 가가호호 방문하면서 가정 상황과 건강 문제를 파악하고 차트를 만드는 일을 6개월 정도 했고, 이후 1987년 9월부터 격주로 주말 진료를 시작하게 되었다.

1987년은 전두환 독재 정권의 말기였고, 박종철 고문 사건으로 민주화 물결이 서서히 일어나고 있던 시기였다. 인텔리들은 당연히 민중과 함께 민중의 삶 속으로 들어가야 한다고 생각했다. 나는 그 현장이 농촌이라고 생각했던 것이다. 의사로서 농촌의료 현실을 직접 만나고, 농민들을 만나고, 그들의 현장에서 의사로서 어떤 역할을 해야 할지를 모색하고 실천하고 수정했다. 지금 생각하면 치밀하지도 못했고 어설픈 것도 많았지만, 당시 순수했던 열정과 헌신, 진료에 참여했던 의료인들과 가유리 주민들 간에 쌓았던 신뢰와 끈끈했던 정은 참 아름다운 기억으로 남아 있다.

그때 꿈꾸었던 것은 의료 사각 지대에서 필요한 의료서비스를 못 받았던 농민들이 제대로 대접받는 병원이 있었으면 좋겠다는 것이었다. 그리고 그 생각은 농민이 주인이 되는 의료기관을 가져보자는 꿈으로 발전했다. 그래서 농촌이 건강해지고 지역이 건강해지는 희망을 품었던 것이다. 그러나 건강한 지역 사회는 단순히 진료서비스만으로 가능한 것이 아니라는 생각을 하게 되었다. 보건의료 제도의 문제가 곧 건강한 지역 사회를 이루는 데 직접적으로 영향을 미친다는 생각에 이르러, 의료 현실에 대한 공부와 의료 보험 통합운동, 농민 운동의 모색 등 다양한 관심을 발전시켰다.

건강이라는 것은 제도뿐 아니라 지역 주민의 참여와 자각이 중요하다고 생각했다. 제도가 완비될 때까지 기다릴 수 없으며, 지역에서 농민과 주민의 입장을 대변하는 의료기관을 세우고 이를 근거지로 지역 주민의 건강을 지키는 풀뿌리 활동이 중요하다고 생각했다.

그렇게 7년 동안 쌓인 활동의 경험과 신뢰를 바탕으로 1994년 4월 21일 안성의료협동조합이 탄생했고 안성농민의원과 농민한의원이 개원하게 된 것이다. 의료협동조합 창립 후 16년이란 세월이 흘렀고 지금은 훨씬 규모가 커지고 복잡해졌지만, 처음 시작할 때의 순수한 마음과 열정은 잊지 말아야겠다고 다짐해본다. (이인동, 2010)

2호, 민중병원이 생활협동으로 전환[7]

1989년 문을 연 인천평화의원은 기청의 회원 40여 명의 공동 출자로 이뤄진 민중의원으로, 인천 지역에서 노동자 건강과 산업재해(직업병, 과로사)예방과 대책 활동을 하는 유일한 상담실을 운영했다. 이 의원은 기존의 보건의료단체와 달리 신앙을 가진 의료인들로 구성된 기청의 초기 활동에 의해 설립되었다. 한 개인 의료인이 의료개혁에 대한 의식을 갖고 전체 의료시스템에서 변화를 시도하기란 어렵다는 것을 깨닫고, 여럿이 한데 모여 이상을 실현할 수 있을 작은 병원을 꿈꾼 것이다. 당시는 진보적 보건의료인단체들이 서울의 구로의원(1986년), 성수의원(1987년), 푸른치과(1988년), 나주의 농민약국 등 다양한 민중의원을 설립해 지역 주민들과 만나던 때였다. 인천평화의원 설립취지문에는 "현재 우리나라 노동자 인구는 1,000만 명에 이르렀고, 부평 지역은 특히나 많은 노동자들의 생활과 노동현장입니다"라고 하며, 왜 지역을 인천으로 정했는지를 설명하고 있다.

인천 지역에서도 개발이 덜 되어 낙후된 지역에 속하던 일신동에 자리한 일신시장 뒤편이 1995년 2,000여 세대가 들어서는 대규모 고층아파트 단지로 변모하고, 부개동에는 전철역이 신설되었다. 주위 의료기관과 경쟁을 해야 하는 여건 속에서 의료서비스의 질을 향상시켜야 하는 과제가 대두되면서[8] 1995년 7월 인천평화의원 실무자(인천평화의원 원장 임종한·상담실장 이원숙, 인천노동선교문화원 총무 안태용)들이 안성의료협동조합 실무자들과 공동으로 일본의료협동조합 합동연수[9]를 다녀왔고, 이에 운영위원회에서 의료협동조합 설립에 대한 제안을 했다. 1994년은 안성의료협동조합이 막 태동하던 시점이었는데, 농촌공동체가 살아 있던 당시 안성과 달리 인천과 같은 산업도시에서 협동조합이 가능할 것인가에 대한 열띤 토론이 밤새워 행해졌다. 참석자 대부분은 부정적 의견이었다. 아직 지역공동체성이 살아 있는 안성과는 다르게 유동

인구가 많은 도시 지역에서 생활협동조합 방식이 성공할 수 없다는 의견이 지배적이었다. 하지만 실무자들은 굳은 의지로 운영위원들을 설득했다. 1996년 1월, 지역이사 8명을 새로 추인해 기존 기청의 파송이사, 병원실무이사를 포함해 총 15명으로 인천평화의료협동조합 추진위원회를 구성하고, 같은 해 11월 30일 168명의 설립 동의자로 구성된 조합원 창립총회를 가짐으로써 한국의료협동조합 2호인 인천평화의료협동조합이 만들어졌다. 이 과정은 인천평화의원을 처음 만들었던 기청의 회원들이 의원의 소유권을 지역 사회에 이양하는 것에 동의하며 가능해졌다. 이를 통해 의료기관 중심의 시각에서 벗어나 자연스럽게 지역공동체성 회복이 관심을 받게 되었다. 더불어 당시 의약 분업 파장에 휩싸이면서 생활 속에서의 건강권 확립은 그 어느 때보다 중요해지게 되었다.

인천평화의원을 이해하기 위해서는 모태가 되었던 기청의가 어떻게 출발했는지를 먼저 이해할 필요가 있다. 1984년 이후 각 대학 기독학생회 출신 의료인들이 주축이 되어 모임을 진행해오다, 1987년 6월 민주화 항쟁 이후 1987년 10월 10일 기청의를 창설했다. 당시 시민운동과 노동운동이 발전하면서 진보적 보건의료단체들이 생겨나기 시작한 흐름과 맥을 같이한다. 직종별로 조직되어 있는 다른 보건의료단체와는 달리 개신교를 중심으로 의사, 한의사, 치과의사, 의료기사, 약사 등 다양한 의료인들을 회원으로 하고, 예수를 따르는 제자로서 의료소외계층에 대한 관심으로 출발했다.

이렇게 만들어진 인천평화의원은 '민주적, 비사유적 소유', '노동자 참여', '이윤의 합리적·사회적 환원'과 같은 활동의 몇 가지 원칙을 세워 적용하려 했다. 민주적 운영의 원칙, 지역 주민의 주체성 지향, 지분권 권한 이양, 일정액 이상의 출연 제약 등 협동조합의 원칙과 유사한 기준들을 만들고자 애쓴 흔적이 엿보인다.

처음 기청의 회원 중심의 기금은 인천평화의원 설립 기금이 되었고, 1996년 인천평화의료협동조합으로 전환되는 과정에 회원 모두가 지분권을 가지지 않고 지역 사회로 환원할 것을 결의했다. 경영이 안정화된 인천평화의료협동조합 이사회에서는 기금 일부인 1,000만 원을 기청의에 상환하기로 결정했다. 모든 지분권을 인천평화의원에 이양했던 기청의는 상환된 1,000만 원 기금을 어떻게 운영할 것인지 운영위원회에서 다시 논의를 시작했다. 그래서 기청의 산하 '의료협동조합발전기금위원회'라는 조직을 새로 신설하고 '의료협동조합발전기금'의 종잣돈을 이곳에서 관리 및 운영하게 되었다. 2007년 평화의료협동조합 요양병원 추진 과정에서 다시 회원 모금 활동을 전개하여 1억 2,000만 원 규모의 발전기금을 추가 조성하는 등 의료협동조합 초기 지원, 활동가 교육연수, 장학금 등으로 의료협동조합 발전을 위한 다양한 지원을 아끼지 않고 있다.[10]

이와 같이 초기에 시도했던 민중의료 실천의 현장은 의료협동조합이라는 새로운 지역공동체의 모습으로 발전되었다. 기청의는 의료협동조합이 지역 주민의 건강권을 보장할 수 있는 대안적 1차 의료의 모범으로서 그 이념을 실현해내고 한국보건의료체계 개혁에 기여할 수 있도록 지원하기 위한 역할을 모색해왔다.

......

창립 초기에 지녔던 민중의 건강권 실현이라는 보편적 이념은 '생명, 사랑, 치유'의 가치를 이 땅에 실현하고자 하는 기독교 신앙으로 성숙되어 그 정체성을 더욱 분명히 하게 되었다. (기독청년의료인회 엮음, 2007)

3호, 동의학민방연구회가 거듭나다

그에 반해 안산의료협동조합은 1991년 '생명과환경을생각하는시민의모임'과 '동의학민방연구회'가 모태가 되어 출발했다. 지역의 환경 문제와 건강 문제를 스스로 해결하려는 일환으로 추진해오다, 1996년도에 한의원을 개원해 1년 정도 활동하다가 의료협동조합 준비 과정에 참여했던 안산시장이 재판을 받는 과정 등의 어려움으로 인해 활동이 중단되기도 했다.

1999년 지역의 주민, 노동자, 회사원, 시민 사회단체가 다시 중심이 되어 안산의료협동조합 발기인대회를 갖고 본격적으로 조합원 증자모금 활동을 펼치며 뜻을 같이하는 조합원을 규합했다. 1998년 「소비자생활협동조합법」이 제정되어 생활협동조합 설립 근거가 법적으로 마련되었다. 이후 2000년 4월 드디어 안산의료협동조합이 창립되었고 의료협동조합 법인 1호로 등록을 하게 되었다. 그해 7월 새안산의원, 새안산한의원을 개원했다. 안산의료협동조합[11]은 의료인이 사실상 설립을 주도했던 안성의료협동조합, 인천평화의료협동조합과 달리 지역의 사회운동단체와 주민들이 주도해 처음으로 큰 성과를 이뤄낸 사례이다.

당시는 초기 의약 분업이 시작되던 시기였기 때문에 주위 여러 의원에서 파업에 참여하라는 압력이 거세었다. 하지만 조합원의 결집된 힘에 의해 파업에 참가하지 않고 진료를 계속해 진행했다. 공단을 끼고 있어 노동자들의 건강권을 지키기 위한 다양한 활동을 펼치며, 지역에 많은 이주노동자들도 안산의료협동조합의 진료 혜택을 받게 했다.

이와 같이 「소비자생활협동조합법」이 제정되기 이전의 시기는 한국 사회에서 협동조합 방식으로 의료, 건강 문제를 해결하기 위한 실험단계라고 할 수 있다. 이 시기 설립된 의료협동조합을 보면 지역 주민과 의료인 사이의 강한 신뢰가 설립의 중요 요인이었음을 알 수 있다.

'한국 사회에서 실험이 가능할까?' 의료협동조합의 첫 시도를 꾀

하던 시절은 참으로 외로웠다. 협동조합 방식으로 의료, 건강 문제를 해결한다는 것은 언론이나 몇몇 활동가로부터 주목을 받았지만, 지역 주민으로부터 호응과 신뢰를 얻기까지는 많은 노력과 시간이 필요했다.

이 같은 의료협동조합에는 다음과 같은 특징이 있다.

첫째, 건강한 사람이 다수를 차지하는 풀뿌리단체이다.

둘째, 예방보건사업과 이것을 보장하는 제도 확충을 중시한다.

셋째, 주민의 민주적 참여를 보장하는 의료기관이 있다.

넷째, 조합원이 주인으로 일할 수 있는 구조를 만들기 위해 마을 단위로 소모임을 구성한다.

다섯째, 스스로 생활의 문제를 해결한다.

세계보건기구는 1970년대 알마아타선언에서 모든 인류의 건강 수준을 향상하기 위해서는 지역 주민의 참여가 중요하다고 강조했으나, 1988년에 이르러 주민 참여는 "이론이 현실을 앞질러가고 있다"고 평가하고 있다.[12] 지역 주민들이 자신들 건강에 영향을 미치는 의사결정과 행동에 참여하는 것은 건강 수준을 향상시키는 데 매우 중요하나, 전 세계적으로 대부분 지역의 주민 참여도는 실패에 가깝다고 평가하고 있는 실정이다. 이러한 평가에도 지역 주민 참여의 명맥을 이어가는 한국의 의료협동조합 실험은 계속되고 있다. 현재 한국의료복지사회적협동조합연합회에 소속되어 있는 회원의 세부적 현황은 부록에 첨부했다.

우리는 모두 의사이다

수년 전 원주의료협동조합에서 독거노인 방문 진료를 진행했을 때의 일이다. 허름하고 낡은 집에 오물더미와 함께 누워 있는 노인들은 각종 만성 질환에 심한 관절통으로 대부분 거동이 불편한 분들이었다. 한 집 한 집을 돌며 당시 우리는 이것이 참 의료라는 자부심에 가슴이 벅차오르곤 했다. 하지만 시간이 흘러도 그분들 건강에는 아무런 변화가 없었다. 아무도 찾아오지 않던 집에 의사가 직접 온다는 사실로 인해 일주일에 한 번 주름진 얼굴에 미소가 피어나곤 했지만 그 외에 달라진 것은 아무것도 없었다. 우리가 명확하게 확인한 것은 연료비가 없어 냉방 위에 전기장판을 깔고 그것도 전기료를 아끼기 위해 잠들기 전에만 잠시 사용하며 살아가는 분들이 의사가 찾아가 좋은 약을 처방하고 한의사가 직접 침술치료를 한다고 해서 건강해질 수는 없다는, 쓰라린 현실이었다. 이분들이 건강하려면 우리와는 다른 의사가 필요했다. 단열공사를 해서 집을 따뜻하게 해줄 사람, 지속적으로 연료비를 지원해줄 사람, 수시로 찾아와 삶을 나눌 사람이 바로 이분들의 의사였던 것이다.

아마도 그 순간이 우리가 의료협동조합을 해야 하는 이유를 절실하게 깨달을 수 있었던 시간이었다고 기억된다. 우리가 양심적이고 착한 의사가 운영하는 의료기관이나 보건소와 무엇이 다른지를 분명하게 이해할 수 있었다. 우리는 집을 고쳐줄 사람들을 찾아 나섰고 그런 분들을 만나는 것이 그리 어려운 일이 아니었음을 쉽게 알 수 있었다. 연료비를 지원해줄 분들과 노인 분들을 종종 찾아뵙고 말동무가 되어줄 분들도 쉽게 만날 수 있었다. 이왕 집을 고친다면 생태적인 방식으로 해보자는 제안에 환경정의의 도움을 받아 주택에너지효율화집수리사업(이하 WAP)을 실험적으로 적용해보았는데, 수년이 지난 오늘 어느덧 원주시를 비롯한 일부 지방자치단체에서는 WAP가 하나의 대안정책으로 뿌리를 내리고 있다는 소식까지 전해진다.

그날 이후로 원주의료협동조합은 우리 곁에 수많은 의사가 있다는 것을 보여주었다. 혼자 사는 할머니 한 분이 심장병으로 위독하게 되었을 때 사람들은 저마다의 전문성을 발휘하며 새로운 의료시스템을 창조해냈다. 누군가는 행정기관을 찾아가 비용지원을 요청했고 의료협동조합 담당의사는 수술할 병원을 확인했다. 아이들은 돼지저금통을 들고 의료협동조합으로 달려왔으며 어떤 어머님은 속옷을 준비했다. 누군가는 자발적으로 간병을 해주었고 퇴원하실 때를 대비해 누군가는 집을 수리해주었다.

우리는 모두 누군가의 의사가 될 수 있다. 하지만 자본주의상품사회는 우리로 하여금 저마다 환자 또는 잠재적인 환자로 살아갈 것을 요구한다. 우리를 치료받아야 하는 자, 건강을 구매해야 하는 자 그리고 관리받아야 하는 자로 규정할 때, 그로써 우리가 만성적인 불안증에 안절부절못하며 미래에 대한 공포를 지니고 살아가야 할 때만이 이 사회를 지배하는 자본과 권력은 유지될 수 있기 때문이다. 의료협동조합운동은 언제나 모든 사회적 비용을 지불하고 있으면서도 항시 지배받는 자의 위치에 놓여 있는 상태에서 우리의 건강은 유지될 수 없다고 선언했다. 모든 인간은 지불하는 자이면서 운영하는 자이며, 노동하는 자이면서 관리하는 자이며, 치료받는 자이면서 치유하는 자로서 살아갈 권리와 잠재력을 지니고 있다. 우리는 건강을 구매하기 위해 노동하는 기계가 아니라 건강그 자체를 창조하는 전일적 인격이다. 우리는 모두 어느 누군가의 의사이다.[13]

의료협동조합: 다양한 실험들

모두가 달라서 모두가 좋다. 한 사람 한 사람의 생명이 빛나는 마을 만들기. (일본 미나미의료생협 슬로건)

"치마를 처음 입었다"는 안산건강실천단 5기 활동에 참여했던 박춘자 조합원. 직원들이 함께 폭소를 터트린다. 그도 그럴 것이

한 달 전까지만 해도 계단을 올라가는 것조차 버거워하던 그녀가 이제는 "3kg이 빠졌다", "몸이 가벼워 날아다닐 것 같다"고 말한다. 건강실천단을 하면서 생활습관이 어떻게 바뀌었는가 물었다.

그녀는 일단 현미와 채식 위주로 식단을 바꾸고, 아침식사는 기존의 1/3, 점심과 저녁식사는 기존의 1/2 분량으로 줄였다고 한다. 간식도 사탕과 과자보다 오이와 참외 등의 야채 위주로 변경했단다. 무엇보다 저녁 외출을 자제했더니, 외식이 줄어 체중이 줄었다고 한다. 조합원들은 건강릴레이 편지를 홈페이지에 올리며 서로 격려해주면서 행복한 일상을 보낸다.

2012년 한국질병통계자료에 의하면 당뇨, 고혈압, 비만, 고지혈증과 같은 만성 질환의 유병률은 점차 늘어가고 있다. 이것은 곧 뇌졸중, 허혈성 심장 질환, 치매, 장애와 같은 심각한 중증 질환으로 이어진다. 이로 인한 사회부담 또한 늘고 있지만, 의료체계가 이를 앗아가지는 못하고 있는 실정이다. 적절한 생활 관리를 통한 대사증후군 및 심·뇌혈관계 질환예방이 문제 해결의 가장 좋은 방법이다. 그러나 우리나라의 의료 구조는 치료 중심이어서, 건강 관리는 전적으로 개인 책임으로 맡겨져 있는 상황이다. 그래서 의료협동조합에서는 만성 질환자 관리를 위한 여러 가지 프로그램을 개발해 운영하고 있다. 최근엔 보건소에서도 이와 같은 성격의 현미채식 프로그램을 진행하고 있기도 하다. 하지만 대부분 일회성에, 이벤트성이 강하다. 의료협동조합 건강실천단의 경우 5~8주 동안 진행되는 프로그램이 끝난 이후에도, 건강실천을 지속할 수 있는 자조 모임을 만들어가기 위해 노력을 벌인다. 결국 생활습관 변화는 생활현장에서 실천되어야 하는 것이기에 각 개인이 실천할 수 있도록 돕기 위해 여럿이 함께 모여 서로 간에 지속적인 관심을 가지는 것이다. 이러한 지역건강예방 프로그램이 정착되어야 전체 의료비 지출을 줄일 수 있다는 문제의식을 최근 국민건강보험공단도 함께 가지기 시작했다. 2013년 6월 2일 한국의료복지사회적협동조합연합회는 국민건강보험공단과 MOU를 체결하고, 하반기부터 연합회 소속 회원인 안산의료협동조합에서 건강예방 프로그램 시범사업을 진행하고 있다.

조합원 말하기대회, 건강아우성

우리의 기억은 몸 전체와 뇌에 저장되어 있다. 내 몸은 어떤 일에 회의를 느낄 때마다 재빨리 먼저 알아채고 반응을 보이곤 했다.
(크리스티안 노스럽,『폐경기 여성의 몸 여성의 지혜』)

조합원 말하기대회에 나선 한 마포조합원은 아플 때만 건강에 대해 생각해보는 것 같다고 말했다. 몸이 아파 병원에 가는 것인데, 병원에 가면 마치 스스로가 뭘 잘못해서 병에 걸렸다는 느낌을 받아 심리적으로 한층 더 위축이 된다고도 했다. 그는 건강이란 나의 마음과 몸이 지극히 편안하고 뭔가를 도모할 수 있는 혈기와 욕구를 가진 것이라 정의 내리고, 다양한 나이대의 사람들이 때에 맞게 건강을 지키기 위해 준비할 수 있는 곳이 병원이자, 의료협동조합이었으면 좋겠다고 말했다.

40년 전 사과 한 알을 먹고 급체한 이후 사과는 내게 금기였다. 그 단한 번의 체험을 극복하는 데 40년이란 시간이 걸렸다. 이렇게 단 한번의 경험에 의해 의식이 지배되는 경우는 이외에도 많다. 몸과 마음, 정신과 육체는 연결되어 있다. 우리 건강은 이분법적으로 접근할수 있는 것이 아니다. 서로 연결되어 있다. 이를 누군가는 심신의학이라고 표현하기도 한다. 몸이 반응하는 것, 몸이 말을 걸어올 때, 어쩌면억압되어 있는 어느 순간의 경험을 떠올려야 할지도 모른다. 그 경험과 직면하기 위해선 우선 그 사실을 깨닫고 인정하는 순간이 있어야하고, 이를 표현해야 한다. 다양하게 표출하는 방법, 자기만의 고유한 방법으로 표현해보는 것, 그게 바로 극복의 첫걸음이자 치유를 위해 내 안에 숨겨진 신경증들을 드러내보는 건강아우성이 아닐까.[14]

우리가 바라는 건강한 삶은 어떤 삶인가. 나의 건강과 삶에 영향을 미치는 것들은 어떤 것들인가에 대해 나누기 위해 '건강한 삶, 건강말하기대회'가 열렸다. 건강한 삶에 대한 다양한 경험, 고민, 생각을 솔직하게 풀어내는 자리가 의료협동조합에서 마련된 것이다. 일단 자리만 만들어주면 조합원들은 자신이 경험한 건강에 관련한 이야기들을 쏟아낸다. 그저 묻고 답하는 것만으로도 치유가 된다. 조합원들이 이야기하는 건강은 세계보건기구가 이미 정의하고 있는 건강정의와 다르지 않다. 건강하게 살고 싶은 바람은 누구에게나 있는 삶의 기본욕구이다. 그렇다면 건강의 주체는 누구인가. 의료전문가가 모든 것을 해결해줄 수 있을 것인가. 그렇지 않다. 건강의 주체는 의료소비자인 나, 곧 환자이다. 하지만 현행 의료 제도하에서 의료소비자인 내가 주체가 되어본 경험이 과연 있었던가. 의사가 약 처방을 하거나 운동요법을 처방한다고 해도, 소비자인 내가 선택하고 실천하지 않으면 안 된다. 우리가 추구하는 좋은 의료란 '신뢰관계를 바탕으로 예방과 치료를 통합해나가는 것'이다. 여기에서 의료인은 전문가로서 길을 안내하는 안내자이며 돕고 격려하는 지지자이다. 그렇다면 의료협동조합에 근무하는 의료인들은 건강을 어떻게 바라보고, 환자를 어떻게 만나고 있는지가 궁금하다.

의사들의 건강관

환자 권리 존중과 생명가치를 우선하는 의료 실현은 의료협동조합의 핵심가치이기도 하다. 최근 의료협동조합에 근무하는 의사들을 대상으로 하나의 연구가 진행되었다. '건강하다는 것'의 핵심가치 요소들을 찾아내려는 질적 연구가 바로 그것이다.

'건강하다는 것'과 '진료현장에서 겪는 고민과 생각', '비전'을 중심으로 인터뷰해 마포의료협동조합 이사이기도 한 김종희(중앙보훈병원 가정의학과 전공의)가 이를 정리했다.[15] 의료협동조합에서 근무하는 의사들은 어떤 생각으로 환자를 만나고 있는지 그들의 현장 속으로 들어가 보자.[16]

진료할 때 환자를 대상화하려 하지 않게 된 것 같아요. 병을 고쳐주거나, 무지를 깨우쳐줘야 하는 대상이 아니고, 이 사람은 이 사람대로 살아온 가치와 건강에 대한 생각과 믿음이 있구나 하고 인정하는 마음으로 진료를 하게 되었어요.

세계보건기구의 건강정의를 보니까 웃겨요. '완벽한(complete) 건강'을 말하는데, 사실 신체적, 정신적, 사회적으로 완벽하게 건강한 사람은 사실상 아예 없죠. 이 정의를 기준으로 하면 건강한 사람은 아예 없게 돼요. 단적으로 나는 안경을 쓰고 있으니까 옛날에 태어났으면 앞을 잘 못 보는 장애인이죠. 어떻게 보면 모든 사람이 재활대상이 아닌가요? 자기의 핸디캡을 극복하면서 그 상황에서 갈 수 있는 최선의 상황까지 가는 것. 그것이 중요하다는 거죠. 운동선수가 갈 수 있는 건강의 단계와 장애인이 갈 수 있는 건강의 단계는 다르잖아요.

운동을 하고 싶은데 혼자서는 운동이 잘 안 된다고 하는 환자가 있으면 건강 소모임을 연결시켜주기도 해요. 건강 소모임은 진료에서도 큰 자원이에요. 건강 소모임에서 내세우는 슬로건은 '재미있어야 건강하다. 기계가 아닌 관계를 통해 건강해진다'예요.

지식의 불균형이 만연한 상황에서 정확한 정보를 제공해주고 개인의 건강을 스스로 판단할 수 있도록, 또 자기 몸에 대해서 잘 알 수 있도록, 꼭 진료실이 아니더라도 의료협동조합 활동을 통해서 그런 것들을 만들어주기 위해 소신진료를 하며 과잉진료하지 않는 것이 기본 진료철학이에요.

가정 방문하면서 가장 좋았던 건 알고 있는 의학지식들을 전달해주는 것보다 오히려 제가 가서 배운다는 거예요. 사람들이 왜 아플 수밖에 없는지를 이해하게 돼요. 세상에 이렇게 힘들고 어려운 조건에서도 행복하기 위해 애를 쓰면서 사는 사람들이 있다는 것을 가정 방문 때 함께 이야기를 나누면서 많이 느껴요.

조합원과 오랫동안 가족처럼 친구처럼 지내다 보니까, 그분에게 문제가 생겼을 때 심히 고통스러웠어요. 보통 의사들은 병원이 있는 지역에서 멀리 떨어져 사는 게 원칙이라고 하더라고요. 환자를 마주치지 않으려고요. 그런데 의료협동조합 의사들은 환자들과 더 자주 만나려 하고, 또 가까이 살고……. 그러니까 조합원에게 생기는 문제가 내 가족에게 생기는 것처럼 고통스러울 때가 있어요.

의료협동조합을 주치의 개념의 1차 의료 모델로 생각했는데, 일하다 보니 의료협동조합은 큰 마을공동체의 일부이고 큰 무리 속에 시너지효과를 내고…….

의료협동조합 발상은 우리 조직 내로 모든 것을 끌어 담으려는 발상이죠. 건강결정요인이 다양하기 때문에 다른 협동조합, 예컨대 먹거리생협 등과 연대하는 협동조합 커뮤니티를 꿈꾸면서 가야지……. 인간의 삶에 건강과 관련이 되지 않은 게 없어요. 의료협동조합을 통해 만난 조합원들이 대의원도 되고 이사도 되고 협동조합 훈련이 되면, '다른 데 가서 이러저러한 협동조합을 해봐야지!'라는 결심이 들수 있어야 한다는 거죠. 의료협동조합이라는 '학교'를 거쳐서 건강과

관련된 협동조합들을 인큐베이팅하는…… 믿을 수 있는 의료기관
이라는 협소한 틀에 갇히지 않고…….

지역 주민의 모든 생활이 협동조합으로 이루어지는 협동조합복합체
가 꿈이에요. 의료협동조합을 만들고자 했던 것처럼 의료 문제만이
아니라……. 의료협동조합이 이 모든 걸 다 할 수 있는 건 아니죠.
지역 사회 전체가 건강해지기 위해서는 직장을 잃어도, 가정이 파괴
되어도 살아갈 수 있을 만큼 두터운, 서로 돕고 돌보는 체계가 자리
잡아야 한다는 거예요. 삶의 다양한 영역에서 건강을 추구할 수 있는
도구들이 있으면…….

전통적인 환자 - 의사관계[17]에서는 '환자는 수동적이고 의사는
능동적', '환자는 협조하고 의사는 지도하며', 나아가 이 둘의 관계
는 '상호 참여적'이라는 세 가지 모델을 제시한다. 이 모델은 '진료
실'이라는 '치료' 중심의 공간에서 질병의 특성에 따라 분류된 것이
다. 이와 달리 참여자들 인터뷰에서는 건강을 위한 공간을 진료실
로 한정하지 않고, 일상생활에서 의사와 환자가 서로 맺는 관계를
중요하게 여겼다. 이는 '의료협동조합'이라는 '생활' 중심의 공간을
통해 형성된 환자 - 의사관계 모델로 변모했고, 구체적으로는 '소
신진료와 신뢰의 선순환관계', '서로 배우는 관계', '생활세계의 공

유'로 나타나고 있는 것이다.

일상의 행복을 나누는 사람들, 건강 소모임

마흔 살 이후 골반뼈 마디마디가 아파와 운동의 필요성을 느끼기 시작했다. 동네에서 우연히 마주친 조합원과 결의해 시작한 보라매공원에서의 운동. 그렇게 처음 운동을 시작했다. 그 운동을 혼자보다는 함께하는 것이 좋았고, 소문을 내는 것이 스스로와의 약속을 지키는 데 도움이 될 것이라 판단했다. 인터넷이라는 소통 공간을 통해 조합원들에게서 꾸준한 피드백을 받으니 더욱 활력이 생겼다.

보는 이들마다 거의 세계적인 수준이라고 평하는 보라매공원의 음악 분수 쇼는 참으로 멋지다. 매주 걷는 보라매공원이지만, 그 공간이 우리에게 주는 감상을 스치고 지나듯 관광하는 여행 맛으로는 도저히 포착할 수 없다. 다양한 모습, 보는 위치와 계절에 따라, 내면에 지닌 고민의 무게에 따라, 혼자이거나 혹은 여럿일 때에 따라 각기 다른 풍경으로 존재하는 모습을 발견하는 것은 보라매공원 걷기를 하며 얻는 큰 수확이다. 걷는다는 건, 인생의 여행과도 같다.

매주 토요일 보라매공원을 걸으면서 이 과정을 홈페이지에 공유했다. 꾸준히 하다 보니, 몇몇 사람들이 동참하고, 열심을 내기

시작했다. 이 동네 저 동네(선유도 걷기, 하안동 걷기)에서 걷기 모임
도 만들어졌다.

지역 주민(조합원)을 일상적으로 만날 수 있는 공간인 '건강 소모
임'. 은평구에 자리한 살림의료협동조합 건강 소모임의 모토는 '재
밌어야 건강하다'이다. 개개인에게 필요한 것이 충족되고 각자가
재미를 느끼면 모임은 진행된다. 매주 모여 자신의 건강을 지키기
위한 노력을 할 뿐만 아니라, 각자 서로에게 또 하나의 가족이 되
고, 함께 봉사 활동까지 하는 건강 소모임도 있다. 건강체조, 자원
봉사 활동, 노래, 요가, 영화, 좋은 엄마 모임, 반찬카페 밥엔찬 등
은 조합원이 스스로 제안하고 스스로 만들어 꾸려나가고 있다. 내
가 하고 싶은 일, 즐겁게 할 수 있는 일을 함께하는 것이다. 건강한
삶은 건강한 생활습관이 만들어져야 가능하다. 하지만 혼자 할 때
는 작심삼일로 끝날 때가 많다. 돈을 들여도 혼자 지속적으로 운동
하기는 쉽지 않다. 의료협동조합에서는 이렇게 혼자하기 어려운
건강 관리를 함께해나간다. 소모임을 하는 동안 건강 관리능력이
자라나고, 이를 꾸준히 실천하면서 건강한 삶을 살아갈 수 있다.
모임 시작 전에 건강체조도 하고 월별 또는 분기별로 혈압, 당뇨,
체지방, 건강나이 등을 측정하고 개인별로 항목별 건강그래프를
그려보기도 한다. 함께 하니 쉽게 지치거나 좌절하지 않고 즐겁게
건강을 지켜갈 수 있다. 이를 토대로 건강 소모임이 안정화되면 아

파트 부녀회, 지역 학교의 어머니회와 함께 지역공동체성 회복을 위한 다양한 프로그램을 전개할 수도 있다. 풀뿌리 민주주의 훈련의 기회, 건강리더 양성, 건강생활보급운동의 실천력 담보, 지역 사회 문화 공간이라는 건강 소모임의 순기능적인 측면이 있음은 물론, 모인 구성원들은 행복해하기까지 한다. 특히나 서울조합원들의 열띤 참여는 홈페이지를 후끈 달아오르게 했다. 봉숭아 꽃물을 들이고 첫눈을 기다리던 교사생활, 미국에서의 삶, 아버지에 대한 글을 쓰면서 한없이 울던 사연 등 조합원들은 게시판에 연일 치유의 글쓰기를 시도하면서 인생 이모작의 즐거움을 만끽하고 있다.

4

/

건강도시, 공동체가 답이다

거리 파티를 열어본 적이 있는가. 어린아이의 든든한 멘토가 되어본 적이 있는가. 합창단에서 활동한 적은 있는가. 자신이 사는 지역의 상점을 애용하는가. 이웃의 이름을 알고는 있는가. 사회적인 관계가 얼마나 중요한지 알면서도 우리들 대부분은 예전보다 지역 사회나 공동체에 관심을 갖지 않는다. (리즈 호가드, 『영국 BBC 다큐멘터리 행복: 행복 전문가 6인이 밝히는 행복의 심리학』)

건강과 관련해 주민들이 정말 필요로 하는 것은 뭘까. 아프지 않을 때는 대부분 건강에 관심이 없다. 그러나 몸이 좋지 않다면 행복할 리 없다. 몸의 상태는 결국 행복과 직결된다. 긍정 심리학자 마틴 셀리그만(Martin Seligman)은 객관적인 의미에서 건강하다는 것은 행복과는 거의 관계가 없다고 강조한다. 그보다는 자신의 건강 상태에 대한 주관적인 인식이 더 중요하다는 것이다. 심하게 아플 때조차도 자신의 건강을 긍정적으로 생각할 수 있는 방법을 찾을 수 있어야 한다. 다시 말해 역경에 적응할 수 있는 능력이야말로 그 무엇보다 중요하다는 것이다.

> 장애아동을 20여 년 넘게 돌보던 어떤 부모는 우울증에 걸렸어요. 우울증이 있으면 사회생활을 하는 데 문제가 생기죠. 또, 장애아동이 어른이 되면 부모의 힘으로 감당하기 어려운 순간이 오기도 해요. 가족공동체로만 건강 문제를 해결하긴 어려워요.

한국 사회에서 한 사람의 건강을 책임지는 '공동체'는 가족이다. 평범한 집안에 뇌경색 등 큰 병에 걸린 노인이 있으면 가계는 파탄이 난다. 가족 중 누군가가 경제 활동을 포기하고 병시중을 들거나 간병인을 고용해야 하기 때문이다. 가족 간에 갈등도 날로 격심해진다. '가족' 단위보다 범위가 큰 공동체가 지역 사회에 내재해 있다면 이러한 문제는 좀 더 쉽게 해결될 수 있다. 좋은 이웃, 좋은 환경은 한 사람의 건강을 돕는다. 반대로 관계, 즉 공동체를 잃은 사람은 정신적 건강뿐 아니라 육체적 건강을 잃을 수 있다.

지역 사회를 변화시키는 한 걸음

한 주일에 한 번 만나 함께 웃고 즐기면서 몸과 마음의 건강을 가꾸어가는 것을 목표로 하고 있습니다. 6년간 함께 춤추는 동안 우린 한 가족공동체가 되었습니다. (안성포크댄스소모임 '바람난 가족')

지역 사회에서 무엇을 해야 할지 도저히 모르겠다면 걷는 것부터 시작하라. 신체 활동은 긍정적인 기분과 자존감을 확립하고 유지하는 데 영향을 준다. 또한 대인관계를 향상시키며 분노를 줄이는 데도 큰 도움이 된다. 운동은 기분이 좋아지는 지름길이다. 걷기는 특히 우울증이나 불안 증세로 고생하는 사람들에게 좋다. 그냥 걷기 심심하다면 '마을지도'를 만들어보자. 걸으면서 우리 마을 노인회관 등 사회복지기관이 어디 있는지 찾아보고, 거기까지 내 보폭으로는 얼마나 걸리는지 측정해 나만의 마을지도를 만드는 것이다. 마을을 여기저기 둘러보면서 걷다 보면 인사를 나눌 수 있는 이웃이 생긴다. 가족, 친구와 함께 걸으면서 서로의 정을 확인할 수도 있다.

'알면 아끼게 되고, 아끼면 지키게 된다'는 말이 있다. 건강도, 관계도 그러하다. 내 몸, 내가 사랑하는 사람들, 내가 사는 도시를 알기 위한 첫걸음으로 우리 마을 걷기에 나서보면 어떨까.

〈표 4-1〉 새로운 주민이 왔을 때 시도해볼 만한 행동들

1. 새로운 이웃이 이사를 오면 환영회를 열어주라.
2. 반상회에 나가라.
3. 합창단에 들어가거나 연주 서클에 가입하라.
4. 카풀제를 시작하거나 동참하라.
5. 자신이 사는 지역의 역사적인 장소를 걸어서 둘러보라.
6. 지역 상점을 애용하라.
7. 친구와 댄스 강습을 수강하라.
8. 모르는 사람에게 인사를 하라.
9. 동네 놀이터를 만들라.
10. TV를 끄고 이웃, 친구, 가족과 더 많은 대화를 나누라.

　　영국 슬라우(Slough)에서는 주민들을 찍은 사진 2,000장으로 미소 짓는 거대한 얼굴 벽화를 만들었다. 주민들의 활동, 지역 명소와 슬라우의 참모습을 찍은 작은 사진이 거대한 이미지를 만들어 낸 것이다. 앤드루 모슨(Andrew Mawson)은 이를 좀 더 확대해 다른 도시와 지역 사회에도 각자의 사진을 만들어보라고 충고한다. 그런 사진이 도시의 브랜드를 만드는 한 가지 방법이 될 수 있다는 것이다. 그는 "체육센터, 학교, 상점, 미술관 등지에서 이 사진들을 전시할 수 있다. 지역 주민들이 가이드가 되어 실제로 사진 작품들이 전시되어 있는 곳의 투어를 진행하게 되면 관광 산업을 진흥할 수도 있을 것"이라고 말한다.[1]

　　우리가 매일 하는 크고 작은 수백 가지 활동은 이러한 사회적 자

본으로 이루어진다. 우리는 생각보다 훨씬 더 많은 일을 해낼 수 있다. 가령 내가 살고 있는 곳에서 〈표 4-1〉에서 제안하는 활동들을 한번 시도해보자.

사람, 사람, 사람

> 누군가 내 이야기에 귀를 기울이고 나를 이해해주면, 나는 새로운 눈으로 세상을 다시 보게 되어 앞으로 나아갈 수 있다. 누군가가 진정으로 들어주면 암담해 보이던 일에서도 해결방법을 찾을 수 있다는 것은 정말 놀라운 일이다. 돌이킬 수 없어 보이던 혼돈도 누군가가 잘 들어주면 마치 맑은 시냇물 흐르듯 풀리곤 한다.
>
> (마셜 B. 로젠버그, 『비폭력 대화: 일상에서 쓰는 평화의 언어 삶의 언어』)

"도대체 무슨 일인데 그래? 이야기를 해야 할 거 아니야" 눈물만 흘리고 있는 나를 보고 남편이 물었다. 어떤 답변도 할 수 없었다. 하염없이 뜨거운 눈물만 흘렸다.

"송희영 씨 남편이 돌아가셨대 ……" 사회복지 실습을 하던 사회복지관 지하에서 전화를 받았다. "어머 …… !" 가슴이 쿵 하고 내려앉았다. 아무 말을 할 수 없었다. 바깥은 이미 봄이었지만 2002년 4월, 지하 건물 실내는 아직 추웠다. 손이 떨리고 몸은 더

추워졌다. 당시 암 투병 중인 시아버지 간병과 뒤늦게 시작한 사회복지기관 실습을 하고 있느라 몸이 많이 지쳐 있던 때이기도 했다. 더 이상 수업을 진행할 수가 없었다. 급히 병원 장례식장을 찾아가 보니, 반쯤 넋이 나간 그녀는 눈물도 메말라 있었다. 덤덤하게 남편의 죽음 장면을 설명하는 그녀가 오히려 애처로워 보였다.

학교 동창생은 아니지만, 지역에서 의료협동조합을 하면서 만난 동갑내기 친구. 이제 아이들을 어느 정도 키워놓고 우리 인생, 삶을 멋지게 막 펼쳐 보이려는 나이. '40대 이후의 삶을 어떻게 준비해야 하나' 고민이 많을 때 함께 고민을 나누던 친구.

그 친구의 남편이 죽었다. 원인은 40대 과로사. 처음 그녀를 만난 곳은 건강 모임을 하고 있던 그녀의 아파트였다. 인천평화의원이 의료협동조합으로 재창립되고 '조합원', 곧 지역 주민에 관심을 가지며 조합원들을 만나가던 무렵이었다.

희망을여는엄마모임(희망엄마)이라는 이름하에 우리 아이들을 올바로 키우기 위한 엄마들이 하나로 뭉쳤다. 정확히 이야기하면 그녀와 의기투합해 만든 작품이기도 했다. 1998년 5월부터 1기 회장까지 선출하며 의욕적으로 매월 1회 모임을 가지며 출발했다. 아이들을 초등학교에 보내니 '독후감을 써와라', '색종이 접기를 해와라' 등등 아이들 스스로 해결하기 어려운 과제 앞에 엄마들도 속수무책이었다. 그러면 우리가 직접 배우자. 그래서 아동발달시기에 따른 미술교육, 색종이 접기, 독서교실 등 매월 모임에서 엄마들이 먼저 공부를 시작했다. 색종이 접기를 주도적으로 가르치던 그녀는 색종이 접기 수강 신청을 해서 강사자격증까지 따버렸다. 무엇 하나를 해도 끝장을 보려는 그녀의 열심 덕분에 함께 모인 엄마들은 색종이 접기 스크랩 노트가 한 권씩 생겼다. 우리들은 그런 공동 작업에 앞서 아이들을 올바로 키우는 어려움에 대한 생활 나눔을 가졌다. 경쟁에 노출되어 있는 우리 아이들에게 공부가 전부가 아니라, 조금은 부족해도 서로 협동하며 행복하게 살 수 있는 사회를 만들어나가는 것이 더 중요함을 가르칠 수는 없는 것일까. 이야기하다 보면 아이들에 대한 불쌍한 마음이 들고, '우리 아이들은 그렇게 경쟁적으로 키우지 말자', '공부만 하라고 몰아붙이지 말고 충분히 사랑하고, 아이들을 한 번 더 따뜻하게 안아줄 수 있는 엄마가 되자'는 결심을 하기도 했다.

역지사지(易地思之). 아이의 입장에 서서 아이를 바라봐 주기. 결코 엄마의 욕심이 아닌, 아이들 편에 서서 아이의 심정으로 아이를 키웠던가. 모임을 거듭할수록 희망엄마들은 '우리 아이 먼저'라는 욕심을 하나하나 해체해나갔다.

아이들이 성장함에 따라 늘 새로운 요구와 관심이 생겨났다. 모르는 것이 있으면 엄마들이 먼저 공부했다. 그래도 답답증이 풀리지 않으면 전문가 초청 프로그램을 기획해 더 많은 지역 엄마들과 공감대를 넓혀나갔다. 월 1회였던 모임을 주 1회로 변경했고, 아나 바다 장터와 더불어 "깨어 있는 여성, 지역이 올바로 선다"라는 주제로 한 여성학자 오숙희의 토론회를 주관했다. 또 철마다 철새 기행, 들꽃 기행을 아이들과 함께했다. 깨끗하고 안전한 삶터 만들기와 같은 환경조사 사업, 청소년 자원봉사교실 운영. 내 아이들을 잘 키우고 싶어 모였던 엄마들의 관심은 환경조사와 지역 사회 문제로까지 확장되어갔다. 이러한 희망엄마 성장 과정의 중심에 늘 그녀가 있었다.

그녀는 남편의 죽음 뒤에 한동안 모든 관계를 끊고 칩거했었다. 안타까운 심정에서 전화로 소식을 묻곤 했지만, 특별히 곁에서 해줄 수 있는 것이 없었다. 그저 묵묵히 곁에 있어주는 것뿐. 가끔 성서 구절을 인용한 짧은 엽서를 보내는 것 외에는 달리 위로할 방법이 없었다. 햇빛이 싫어 커튼을 치고 방에 누워 있던 어느 날, 이대로 가다가는 우울증에 빠질 것 같은 두려움이 문득 들었다고 했다. 자식들을 위해서라도 힘을 내야겠다는 생각이 들었다고, 의료협동조합이라는 공동체가 있어 많은 위로가 되었다고 말하며 그녀는 다시 세상 밖으로 나왔다.

세상 밖으로 다시 나온 그녀는 의료협동조합 이사 역할을 수행하며, 걷기 건강 소모임에 참여하고, 의료협동조합 행사에 필요한 일들을 해내고 있다. 중풍노인 환자들을 위해 진행하는 의료협동조합 주간보호센터에서 색종이 접기 강사로도 활약하고 있다. 그녀는 그렇게 조금씩 더 넓은 세상으로 걸어 나왔다.

하루 종일 리어카 끌고 다니면서 종이 줍고 고물 줍고 그러지만 나름대로 사명을 가지고 사는 사람이에요. 저는 종이상자 주울 때 종이상자만 줍지 않아요. 언제든 그 주변에 담배꽁초도 줍고, 쓰레기가 있으면 그것도 주워요. 그런데 쓰레기 줍는다고 무시하고 멸시하고 그러면 정말 속상해요. 그래서 언젠가 나준식 원장(대전민들레의료복지사회적협동조합)한테 말했어요. 힘들다고 그랬더니 누가 뭐라 말하든지 신경 쓰지 말라는 거예요. 사람 직업에 귀천이 어디 있냐고 ……. 나 원장 못 잊어요. 제가 리어카에 발이 찍혀 치료도 안 하고 덧나서 고생할 때 나 원장이 보고 얼른 큰 병원 가야 한다고 옷도 지저분한 저를 자기 승용차에 태워서 병원까지 바래다줬어요. 그때 그렇게 치료 안 했으면 다리를 절단해야 했대요.[2]

김창엽 교수는 의료협동조합 건강관 월례포럼에서 "의사와 환자의 관계에도 참여와 민주주의 원리가 구현되어야 한다"고 말했다. 많은 사람들이 평소 병원을 이용할 때 의사에게 충분한 설명을 들어보지 못했다거나 자세히 묻기 어려웠던 경험이 있다. 나 원장은 무엇보다 환자, 그리고 지역 주민과의 소통을 중요시한다. 아침

출근길에는 조합원과 함께 뛰는 마라톤 코치로 활약하며, 의사이면서 생활인으로서 지역 주민 일상의 삶 속에 깊이 들어와 있는, 생활현장에서의 참 주치의다.

2011년 11월 2일, 광주 MBC 토크쇼 촬영현장. 아나운서 왕종근 씨가 나 원장에게 조합원들의 불만인 긴 대기시간에 대해 물었더니 그가 이렇게 대답했다.

> 우울증을 앓고 있는 할머니에게 딱히 해드릴 게 없어 진료실에서 뽕짝음악을 틀어놓고 춤을 춘 적이 있어요. 그분은 충분히 상담을 받았다는 만족감으로 진료실을 나가시죠. 우리 사이에 아무 일도 없었던 것처럼……

의료협동조합은 건강과 관련된 여러 활동을 조합원과 지역 주민들이 자발적으로 활발하게 수행해가는 공동체라고 할 수 있다. 지역 주민도 의료인도 함께 성장해가는 곳이다. 나준식 원장은 늘 "의료협동조합만큼 의사가 공부하기 좋은 곳은 없다"고 말한다.

가장 낮은 곳이 존중받는 건강도시

내 몸의 가장 중심은 아픈 곳, 우리 사회 가장 중심은 아프고 상처받

은 곳이다. (김성훈 민들레의료복지사회적협동조합 부이사장)

요즘 협동조합이 대세인 것처럼 모두들 이야기하고 있는데, 실제 협동조합에 몸담고 있는 활동가들은 사실 그 이야기를 들을 때마다 우울하고 부담스럽다. 그만큼 하나의 협동조합을 협동조합 방식으로 운영하기가 너무나 어렵기 때문이다.

공동체가 파괴되고 사회가 점차 개인화되면서 지역 사회 내 건강 문제 가운데는 정신 질환, 특히나 우울증이 심각한 수준에 이르고 있다. 한 개인이 자신의 답답한 문제를 드러내놓고 말할 수 있고, 이를 누군가 들어줄 수 있는 공간이 없다. 전문가나 상담센터를 찾아 돈을 지불하고서야 그것이 가능한 시대가 되었다. 특별한 처방이 필요한 것이 아니라 말하는 것만으로 자신의 문제를 객관화할 수 있고, 그 과정 자체가 치유효과를 가질 수도 있는데, 이를 위한 공간이 없는 것이다. 그래서 의료협동조합에서는 최근 정신 건강을 지키기 위한 예방 활동에 주목하고 있다. 고백하는 문화. 다시 말해 천주교에서 하는 고해성사나 여성들의 수다와 같은 활동들이 자유롭게 일어날 수 있는 건강한 사랑방과 같은 공간이 곳곳에서 일상 속으로 들어와야 한다. 일상의 혁명이 필요한 때이다. 알게 모르게 우리의 사고체계는 이념적 대결구도와 이분법적인 논리에 갇혀 있어, 어떤 대상을 바라볼 때 늘 분석적이고 논리적인 태도를 갖게 했다. 물론 사회 문제를 분석, 비판해야 하는 것은 맞지만 그 안에 통합과 사랑이 전제되어야 하는 것이다.

생활 속의 필요와 요구를 스스로 조직하는 것, 부족한 나와 너를 용인하고, 서로의 부족함뿐 아니라 서로 안에 있는 긍정적이고 다양한 자원을 연결해 작은 성공의 경험을 함께 나누는 것이 곧 협동이다. 이 단순하고 간결한 협동의 원리가 현재의 자본주의를 넘어설 수 있는 하나의 물꼬가 될 수 있음을 보여주는 협동공동체의 사례를 만났다. 법체계와 상관없이 가난한 이들이 자발적으로 만들어 서로 돕는 동자동사랑방마을공제협동조합의 이야기를 들으며 출구가 보이지 않던 현실에서 한줄기 희망을 보았다.

서울역 맞은편 남산자락 쪽방촌에 사는 사람들이 만든 동자동사랑방마을공제협동조합. '제 한 몸 가누기 힘든 사람들이다 보니 시체에서 냄새가 나야 사람이 죽었다는 사실을 알아차릴 정도'라는 동네. 없는 동네에서 '우리들만의 은행을 만들어보자'는 취지로 자활공제협동조합이 만들어졌다. 현재 동자동사랑방마을공제협동조합의 이사장으로 있는 이태헌 이사장은 조합원 아카데미에 참여했을 당시 협동조합에 대한 교육을 받으면서 없는 사람들이 함께 힘을 모아보자는 마음을 먹고, 곁에 있는 사람들을 한 사람씩 설득해나갔다. 25명으로 구성된 추진위원회와 함께, 260명의 조합원을 모으고 출자금 3,000만 원을 조성해 동자동사랑방마을공제협동조합을 창립했다. 이 기금으로 응급의료기금, 주거복지, 긴급 생활자금 등 저금리 신용대출을 시작했고, 조합사업으로는 대보름, 어버이날, 추석 등 특별한 날에 식사를 대접하며 이웃 간에 정을 나누고 있다. 이태헌 이사장은 2011년 3월 동자동사랑방마을공제협동조합이 창립된 이후 지역 내에서 일어나는 사건 사고의 빈도가 줄어들었다고 말한다. 그는 "가난한 사람들이라 돈을 빌려 가면 잘 갚지 않을 것이라 생각하는데 그렇지 않다. 자신이 빌려 간 돈이 어떻게 모였는지 그 절박한 심정을 알기에 회수율이 높은 편"이라 했다. 2013년 8월 현재 조합원 수는 360명, 출자금은 6,800여만 원, 상환율은 72%이다.

일본국제협력기구(Japan International Cooperation Agency: JICA)는 가난을 "사람이 사람으로서 기초적인 생활을 영위하기 위한 잠재 능력을 발휘할 기회를 박탈당하고, 그와 병행해 사회나 개발 프로세스로부터 제외되어 있는 상태"라 정의한다. 다시 말해 빈곤은 단순히 현재 돈이 없는, 경제적으로 곤란한 상황만을 일컫는 것이 아니다. 그보다 더 나아가 가난은 사회적 관계망의 부재로 인해 겪는 곤란이라 할 수 있을 것이다. 동자동사랑방마을공제협동조합에서 지역 주민들은 경제적으로는 가난하나 사회적 관계망, 곧 지역 주민들로 구성된 공동체를 통해 서로 정을 나누며 경제적 가난을 극복해내고 있다.

꿈을 꾸는 사람들

서로의 말을 들어주고 차분하게 응시해줄 수 있는 안전한 공간이 있어야 한다. 경제적 기반 못지않게 중요한 것은 바로 그러한 사회적 지지 기반이다. 관심사와 정보를 공유하면서 지성을 날카롭게 다듬어주고, 결함과 허물이 드러나거나 좌절과 실패에 부딪혔을 때 부드럽게 보듬어주는 만남이 거기에서 이뤄진다. (김찬호, 『생애의 발견: 한국인은 어떻게 살아가는가』)

2009년 말 우리는 협동의 힘으로 이뤄낸 작은 성공을 경험했다. 농사짓던 대전의료협동조합 조합원인 그에게는 하나의 꿈이 있었다. 바로 맑은 시에다 곡을 붙여 자신의 음성이 담긴 음반을 한 번 내보는 것. 협동의 힘으로 그 한 사람의 바람이자 꿈을 실현 못할까. 몇 사람이 이를 이루는 데 도움을 주고자 뜻을 모았다.

"물은 흘러서 가장 낮은 곳에, 햇볕 한 줌 닿지 않은 저 외로운 골짜기에도 생명의 숨결을 나눠주고, 아무도 모르는 작은 풀 작은 돌멩이 하나까지 어루만지지. 물은 흘러서 낮은 곳으로"를 외치는, 막걸리 같은 걸쭉한 목소리를 담은 음반이 드디어 나왔다.

이렇게 성취한 작은 성공은 좀 더 큰 꿈을 꾸게 했다. "기부한 금액을 출자금으로 해 전통문화예술협동조합을 만들어보자!" 이 음반은 디스크재킷 작업까지 마친 음반이지만 레코드 가게에서 구입할 수 있는 것은 아니다. 다만 지인들끼리 서로서로 입소문으로 나누고자 한다. 꿈을 조직하고, 그것을 교환하는 과정까지 시장주의 원리를 벗어나 이루려는 시도를 해보려 한다. 어쩌면 이런 작은 실험들이 자본주의에서 벗어나고자 하는, 계란으로 바위 치기 격의 사소한 몸부림일지 모른다. 하지만 우리는 계속적으로 모여서 꿈을 나누고 조직할 것이다. 돈으로 가치가 매겨지는 세상, 똑똑한 사람만이 인정받는 세상에서 돈은 부족해도, 1등은 아니어도, 어울려 부족함을 채워가는 사람들이 사는 세상. 건강이, 의료가 시장에 맡겨지지 않기를, 지역 주민 모두가 꿈을 꾸면서 조금씩 조금씩 세상을 변화시켜나가는 주인이 될 수 있기를 노래하고 싶다.

바람직한 보건의료와 복지는 사회적 신분, 인종, 국적, 재산, 종교, 성별, 장애, 연령에 따른 어떤 차별도 없이 모든 사람에게 건강하고 안전한 삶을 보장하는 것이다. 세계보건기구헌장에서도 '건강이란 질병이 없거나 허약하지 않은 것만 말하는 것이 아니라 신체적, 정신적, 사회적으로 완전히 안녕한 상태에 놓여 있는 것'이라고 정의하고 있다. 그러나 시장 중심의 보건의료체계는 고귀한 생명을 이윤창출의 수단으로 상품화하고 있다. 그로 인해 건강불평등의 문제는 지역에서 더욱 극명하게 드러나고 있다.

공공의료 부문이 하지 못하는 것을 지역 주민과 함께 해내고, 단순한 이윤보다는 공공의 이익과 주민건강증진에 힘쓰는, 그런 공동체를 꿈꾼다. 이를 위해서는 주민 스스로가 자신의 건강을 지킬 수 있도록 돕는 상시적인 주민조직(마을공동체)을 구성해야 한다. 진정한 민주주의와 마을생활을 사랑하는 사람이라면 누구라도 한 마을을 택해 그것을 자신의 세계이자 유일한 일로써 삼을 수 있을 것이며, 결국 이러한 활동을 통해 좋은 성과를 맛보게 될 것이다.[3] 삶의 기쁨과 애환을 함께 나누고, 몸이 아프면 조건 없이 서로 지원해줄 수 있는 일상적인 건강공동체, 로제토와 같은 마을이 필요하다.

5인 이상이 모이면 누구든 협동조합을 설립할 수 있는 권한을 부여해준 「협동조합기본법」이 2012년 12월 발효되었다. 서울시에서는 마을공동체사업이 한참 진행 중이다. 세 사람의 지역 주민이 마을공동체 복원에 관한 내용으로 사업을 신청하면 150만 원에서 500만 원의 사업비를 지원하고 있다. 그런데 '마을'과 '공동체'라는 키워드 때문에 공무원도, 지역 주민도 혼란을 겪고 있다. 자치구를 포함해 온통 떠들썩하다. 과연 공동체 복원이란 것이 단시일 내에 이룰 수 있는 것인가. 지역에서 19년 실천해온 '건강마을의료협동조합' 경험으로 볼 때, 단시일 내에 이룰 수 있는 것은 아니라 생각하지만, 사람 중심의 마을공동체 복원이야말로 건강도시가 지향해야 할 종착역임은 분명하다.

우리는 의학이 정한 기준치로 건강을 말하지 않으려 한다. 우리는 아픔을 계기로 생존의 아름다움을 위해 고군분투하며 생명의 근원에 다가간다. 아프고 병든 채로 이웃들과 만나고 사귀며, 함께 울고 웃는다. 우리는 나와 내 가족, 이웃을 넘어 전 세계인의 생명에 민감하게 귀 기울이는지, 인간의 생존을 가능케 하는 지구의 모든 생명체들에 감사하고 있는지, 그것들과 서로 어울려 살아가는 지혜와 나눔의 깊이는 얼마나 깊어졌는지, 서로 두려워하며 방어하기 위해 쳐놓은 벽을 얼마나 허물고 있는지, 그리고 이런 질문을 얼마나 자주 하고 있는지 끊임없이 묻고 물을 것이다.[4]

5

/

내가 살고 싶은 건강도시

도시설계가는 신(神)의 시좌(視座), 지배자의 시점(視點)과 시각(時角)에서 내려와, 낮은 데로 임하고 보통 사람의 눈높이로 보고, 걸어 다니는 생물로서 원초적 자리에서 느끼는 일부터 시작해야 효과적으로 도시설계에 다가갈 수 있다. (강병기, 『걷고 싶은 도시라야 살고 싶은 도시다: 강병기 교수의 도시이야기 2』)

현재 우리가 살고 있는 도시[1]라는 공간, 그 도시가 처음 어떻게 형성되었는지 잠깐 시간 여행을 떠나보자. 근대 이후의 도시화가 산업 혁명을 계기로 유럽에서부터 진행되었음은 잘 알려진 사실이다. 그 당시 상황을 잠시 살펴보자.

19세기 초 유럽은 18세기 중반 영국을 중심으로 진행된 산업 혁명의 여파로 농촌 인구가 공업도시로 밀집해왔으며, 노동자들은 열악한 도시 환경 속에서 노동력을 착취당하며 살아가고 있었다. 즉 산업 혁명은 각종 기계의 발명과 기술 혁신으로 전례 없는 생산력의 발전을 이룩했고, 면직물 공업을 위시한 각종 산업 발전은 사회 구조와 국가 모습을 변화시켰다. 1769년 증기 기관 발명으로 원료 수입과 제품 운반에 필요한 철도가 부설되고 증기선도 운항되었다. 이러한 증기 기관 사용에 따른 동력 혁명은 기존의 도시 규모와 형태를 변혁시키는 근본적인 원인이 되었다.

한편 그 당시 사회 구조를 변화시킨 또 다른 요인은 인구의 증가였다. 의료 기술의 발전에 따라 신생아와 노인 사망률이 감소해 인구가 증가했으며 인구 구조 역시 변화했다. 인구가 증가하면서 노동력 수요가 증대하고 있는 도시로 인구가 집중되었으며, 이러한 현상은 노동자 계급을 착취하고 근로조건을 악화시킨다는 산업 자체의 문제점 이외에도 도시민의 주거 환경과 위생 악화 등의 도시 문제를 발생시켰다. 결국 도시의 인구집중은 도시민이 사용할 수 있는 공간 부족이라는 근본적인 문제를 야기했고, 이로 인해 집단 거주도시나 교외지 활용 등의 대안들이 제기되면서 주거를 위한 건축형식과 도시 구조에 변화를 초래했다.

즉 산업 혁명을 통한 산업화 과정은 근대도시를 낳은 뿌리 역할을 했다고 할 수 있다. 마을 중심에 접해 있는 대공장, 그 주위를 둘러싼 비참한 노동자 주택, 그리고 오염된 대기와 하천, 토지의 문제는 18세기 말부터 19세기에 걸쳐 특히나 심각했다. 도시의 위생 상태는 매우 열악했고, 그로 인해 생겨난 돌림병으로 많은 사람들이 생명을 잃었다. 비참한 도시 상황에 대해 19세기 들어 영국을 중심으로 두 개의 중요한 반응이 나타났다. 그 하나는 법 규제에 의해 시민의 건강을 확보하고자 한 것이다. 영국 의회는 채드윅위원회(Chadwick Committee)를 조직해 1848년에 「공중위생법(The Public Health Act 1848)」을 제정했다. 이 법안은 시민 건강을 확보하기 위한 모든 사항, 예컨대 건전한 도시 환경 형성에 불가결한 건축과 도시시설에 대한 기준 등을 규정했다. 「공중위생법」을 계기로 법적 규제에 의해 시가지 환경 정비를 유도하는 방식이 각국에 전파되었으며, 근대도시계획법제가 성립되었다고 할 수 있다.[2]

결국 도시계획법제는 산업 혁명으로 피폐해진 도시에서 시민 건강을 확보하기 위한 제도적 장치를 마련하며 출발한 것이다. 도시에 최소한의 잠자리나 보금자리를 마련해주기 위해 세계 최초로 「공중위생법」, 「주거법」, 「주거및도시계획법」과 같은 도시계획 제도를 만들어 공공의 책임하에 시민들을 보살피는 장치를 마련한 셈이다. 도시에 사는 보통 사람을 도시 사회가 공공의 이름으로 보살피려는 노력을 보이기 시작한 시발점이었다.[3]

이런 상황은 곧 우리나라 1960~1970년대의 사회 상황과 맞닿아 있다. "「근로기준법」을 준수하라! 우리는 기계가 아니다!"라고 외치며 분신한 전태일이 일하던 청계천 노동현장. 일자리를 찾아 서울로 올라와 열악한 환경에서 산업 일꾼으로 일하던 그의 노동현장은 바로 18세기 후반 영국의 산업 혁명 당시 영국의 노동현장과 크게 다르지 않았다. 그들이 모여 살던 가난한 동네, 집단주거 철거현장의 이야기들. 애초에 도시라는 삶터는 사람들의 필요에 따라 인위적으로 만들어진 공간이다. 그러나 애초 사람을 위해 만들어진 삶터가 사람을 위한 공간이나 사회가 되고 있지 못한 것이 오늘날 우리 현실이다. 도시나 마을을 건강하게 만드는 일에 도시계획법제가 관여하는 것은 주로 물리적 환경을 위생적이고 친환경적으로 만들고 유지하는 일에 한정되기 쉽다. 그런데 도시 환경의 건강성은 비물리적인 인문, 사회, 경제적 건강성과 밀접하게 연관되어 있다. 그렇다면 사람이 중심이 되는, 내가 살고 싶은 건강도시가 되기 위한 전제와 정책 방향은 어디에 두어야 하는가.

안전한 건강도시

2013년 8월 29일 자 ≪한겨레≫에는 "버는 돈 없는데 아파도 병원 갈 수 있나: '노숙인 무료진료'에 줄 선 가난한 노인들"이라는 제목의 기사가 실렸다. 서울시나눔진료봉사단이 진행하고 있는 무료진료에 찾아오는 이들 가운데 70% 이상은 노숙인이 아니라는 내용의 기사였다. 1989년 전 국민을 대상으로 한 의료 보험 제도 실시 이후 병원 문턱이 낮아졌다고들 하는데 이게 웬일인가?

도시가 존재하는 첫째 이유는 시민들에게 안전한 삶터를 제공하기 위함이다. 도시 둘레에 성곽을 높게 두름으로써 자연의 비와 바람을 가려주고 시민들의 삶을 안전하게 지켜주면서 도시는 유지되어왔고, 그런 도시로 사람들은 모여들었다. 이와 같이 도시는 인간의 생존을 위해 적절한 필요조건이 충족되어야 한다. 도시는 위생적으로 청결해 질병의 위협이나 사고의 위험, 또 각종 재해와 범죄로부터도 안전해야 한다.

2013년 8월 31일 오전 경부선 대구역에서 서울로 향하던 무궁화 열차와 KTX 열차가 추돌했다. 이어 부산 방향으로 가던 다른 KTX 열차가 사고로 서 있던 KTX 등을 다시 들이받는 사고가 발생했다. 이 사고로 대구역을 지나는 상·하행선 열차 운행이 모두 중단되었다. 아직까지 정확한 사고 원인은 밝혀지지 않았지만, 신호체계의 문제점이 하나의 원인으로 지적되었다. 조사 결과 대구역 등 일반철도 구간에는 고속철도에 설치되어 있는 '선로전환기감시시스템'은 물론 CCTV조차 구축되어 있지 않았던 것으로 파악되었다.

우리가 무심코 집을 나서고 차를 몰고 다니는 도로가 언제 어디가 무너질지 모르는 그런 도로라면 감히 돌아다닐 수 있겠는가. 지하철이나 열차의 경우 전용 선로를 이용하고, 통합적인 단일시스템을 통해 운용 및 관리된다. 그렇기 때문에 그 어떤 교통수단보다 안전성에 대한 신뢰가 높음에도, 이런 사고가 일어날 때마다 시민들은 불안에 떤다.

무엇이 과연 안전한 것인가. 교통사고로 신체가 부자유스러워진 사람을 포함해, 선천적 혹은 환경적인 요인에 의해 병든 사람들이 늘어나고 있다. 도시의 고령화가 급속히 진행되고 있으며, 고령으로 인한 신체적 약자도 그와 함께 늘어나고 있는 것이 현 실정이다. 도시는 여러 사회 집단이 모여 사는 공동의 삶터이다. 그런 점에서 이들 사회 집단 간의 관계설정 또한 불가결하다. 도시 내 이동을 보장하는 교통 흐름에 관해서도 디자인이 필요하다. 사람 교통과 자동차 교통의 관계설정, 즉 각종 교통수단의 분담률설정 등이 거기에 포함된다. 이외에도 여러 가지 관계가 있을 수 있다. 도시계획뿐 아니라 모든 계획이 관계의 설계를 거쳐 실체화된다. 도시계획의 중요한 키워드는 공존(共存) 또는 공생(共生)이다. 한 발 더 나아가 상생(相生)을 기반으로 한 공동체 복원은 매우 적극적인 관계일 것이다. 육체적, 정신적 약자뿐 아니라 경제적 약자를 배려하는, 더불어 살기 위한 도시설계가 도시계획에 포함되어야 할 것이다. 물리적 위기 상황을 극복하기 위한 위기관리 시스템이 도시 하부 구조로서 구비되어야 할 뿐 아니라, 사회적 위기 상황에 대한 비물리적 안심망을 구축하는 것이 커뮤니티 차원에서 절실해진다.

지속 가능한 건강도시

지속 가능한 발전이란 '미래세대가 그들의 필요를 충족시킬 능력을 저해하지 않으면서 현 세대의 필요를 충족시키는 것'이라 정의되고 있다.

지속 가능한 발전(sustainable development)의 정의는 1972년 환경과개발에관한세계위원회(World Commission on Environment and Development: WCED)가 발간한 「우리 공동의 미래(Our Common Future)」에서 제시된 후, 1992년 리우회의에서 '환경적으로 건전하고 지속 가능한 발전'이라는 개념으로 확대되었다. 결국 '지속 가능한 발전'은 미래세대의 필요를 감안하라는 선언적 지침이며, 경제·사회·환경이라는 세 가치가 공존하는 개념으로서 선진 사회의 결과물이라 할 수 있다. 그렇다면 도시의 지속 가능한 발전은 어떻게 가능할 것인가.

고대 그리스의 도시에 살던 사람들은 먹고 남은 조개껍데기를 문밖에 버렸다. 세월이 지나면서 조개껍데기 더미는 점점 그 키가 자라나고, 문을 잘라내야 집안 출입이 가능할 지경이 된다. 결국에는 집채의 반 이상이 조개껍데기 둔덕에 묻히게 되어 집안 출입이 어려울 때

97

쯤 되면, 그동안 살던 도시를 버리고 새로운 삶터를 골라 떠났다고 한다. 그래서 고대 그리스인들은 인구가 20만 명 정도가 되면 신도시를 건설해 분가했다는 설이 나왔던 것이다.[4]

20세기 도시계획 또는 도시 조성시스템의 특징은 기본적으로 인류가 빈곤으로부터 탈출하기 위한 목적으로 '생산'의 논리에 바탕을 두고, 그 위에 '효율성'의 행동 원리를 가미한 체제였다는 것이다. 보통 도시를 매개로 이루어지는 생산과 소비 활동은 인체의 신진대사 활동에 비유된다. 도시의 생산과 소비에도 적정량이라는 한계가 필요하다. 환경용량이나 환경의 자정능력 범위 안에서 신진대사를 할 때 도시가 건전하고 지속 가능하기 때문이다.

도시계획이나 도시설계 분야에서 일하는 사람들은 자신들이 하는 역할이 의사의 역할과 비슷하다고 말한다. 도시가 앓고 있는 병을 다스려야 하기 때문이다. 도시도 사람의 경우와 마찬가지로 옛날에 비하면 몰라보게 달라지고 좋아졌다. 도시를 건설하는 건축과 토목 기술, 그리고 여러 기계적 기술이 해방 당시, 아니 한국 전쟁이 휴전되었을 때를 기준해서 생각해봐도 많은 발달을 이루었다. 그럼에도 도시의 질환이라 할 수 있는 도시 문제는 줄어들지 않고 있다. 지금 앓고 있는 도시 문제는 상하수도시설이 없던 예전의 그것과는 다르다. 수인성 유행병이 일어날 염려는 훨씬 줄고,

끼니를 거르는 빈민의 수도 많이 줄었다. 그럼에도 도시는 허약해지고 병들어 있다. 매일같이 예측 불가능한 교통체증이 수시로 여러 곳에서 발생해 도시의 기능장애를 초래한다.[5] 자동차가 없던 시절에는 일어나기 힘든 현상이다. 도시에 즐비해 있는 고층 아파트를 보면 아찔할 때가 많다. 몇 시간만 정전되면 도시주거 지역의 대부분은 배설물 처리마저도 불가능해진다. 먹기보다 배설이 잘 되어야 건강한 것이다. 그렇게 보면 도시생활이란 것이 아슬아슬하기 짝이 없다. 이렇듯 지금 도시의 고민거리는 환경 문제다. 자연 파괴, 각종 오염과 공해 그리고 각종 폐기물 문제가 도시 환경 문제에 포함된다.

고대 그리스 시대처럼 매번 도시를 새로 건설할 수는 없지 않은가. 지금 살고 있는 도시에 오래도록 자손 대대로 살고 싶다면, 내다 버리는 쓰레기의 양을 줄이고, 되도록 자연 상태 그대로 후손에게 물려주어야 한다. 그렇게 하지 않으면 도시가 쓰레기 더미에 묻히는 것을 피해 나갈 방법이 없을 것이다. 도시체계를 운용하기 위해서 지속 가능성의 철학은 철저한 절약과 재활용으로 집약됨에 틀림없다.

주민이 참여하는 건강도시

"인간이 편하게 쉬려고 만든 의자를 머리 위에 들고 벌서는 형국

이 바로 지금 자본주의가 가진 모습이다"라며 자신이 직접 그린 그림으로 자본주의의 핵심을 찌른 신영복의 말처럼, 인간을 위해 만들어진 건축이나 도시에서 주체가 되어야 할 인간이 오히려 소외받고 있다. 도시에서 시민들은 도시라는 환경을 피동적인 자세로, 다시 말해 그들에게 주어지는 대로 받아들이도록 길들어왔다. 설사 마음에 들지 않더라도 고맙게 받아들이고, 주어진 환경에 맞춰나가는 일을 미덕으로 여기게끔 강요받아온 것이다.

1995년 7월 주민이 뽑은 지방 정부의 장이 취임함으로써 한국 지방자치에 새로운 장이 열렸다. 주민이 선출한 자치단체장이 책임지는 도시계획은 당연히 주민의 생활욕구와 밀접히 관계될 수밖에 없는 것이므로, 도시계획 분야에도 새로운 패러다임의 전환이 예고되었다.

그동안 우리나라 도시계획은 국가 경제 발전을 위한 생산 기반과 기업 활동 조성을 위한 도시계획이었다 해도 과언이 아니다. 국토건설 종합계획 목표에서도 그렇게 못 박고 있다. 도시계획 제도는 1960년에 제정된 이래 여러 번 개정되고 개선되었다. 그중 주민참여와 관련한 혁신이 두 차례 있었다. 하나는 1981년 제5공화국 정권이 국가보위비상대책위원회를 통해 개정한 「도시계획법」에 도입한 주민공청회 제도이고, 또 하나는 2002년 개정된 「도시계획법」이 마련한 도시계획과, 「건축법」의 관련조항을 통합해 창설한

'지구단위계획' 제도이다. 지구단위계획 제도 창설로 가까운 생활권을 대상으로 하는 도시 건설이 제도화되었다. 그동안 멀게만 느껴지던 도시 만들기가 좀 더 생활밀착형이 되고, 주민들의 참여 또한 용이하게 되었다.

이제 도시의 주체로서 주민들이 스스로의 욕구를 모두 풀어놓고 서로의 주장을 조율하면서, 이를 도시 속에서 실현시켜나가야 한다. 이를 위해서는 시간이 필요할 것이다. 도시설계는 도시계획 분야에서 민주주의, 더 구체적으로는 풀뿌리 민주주의를 실현하는 일이다. 어떤 사안을 강요하지 않고 수용케 하는, 고도의 기술을 요하는 정치 과정과도 같다. 생활도시계획은 사람들이 도시에 살고 싶게 만들어야 한다. 지금 우리의 행정, 주민, 전문가 모두에게 공통으로 필요한 것은 다양한 가치관을 모두가 인정하기까지 기다리는 인내와 기다림의 문화이다. 느림의 미학에 눈을 떠야 한다. 생활도시계획에도 느림의 미학이 필요하다.

'사람을 위한 도시'라 판단할 수 있는 원칙으로 삼을 만한 몇 가지 기준을 살펴보자.

첫째, 걷는 사람의 눈높이에 맞아야 한다.

둘째, 사람을 우선하는 도시 디자인설계가 되어야 한다.

셋째, 사회적 약자를 우선하고 더불어 사는 도시 디자인설계가 필요하다.

넷째, 다양성을 갖춘 도시 디자인을 지향해야 한다.

아파트단지에 장터를 만들고, 버려진 지하층을 서로의 생각과 손을 모아 공부방이나 동네 사랑방으로 바꾸고, 동네 어귀를 아름드리 장미넝쿨로 가꾸고 동네 골목길만의 독특한 향기를 불어넣는 일. 2002년부터 도시연대가 시작한 이 한평공원만들기사업이 아마도 주민참여의 대표적인 성공 모델이 아닐까. 이 모든 일들을 실현시키는 과정 속에서 마음의 벽을 허물고, 자주 만날 수 없었던 이웃의 가치를 깨닫게 되는 성공의 경험이 우리에게는 필요하다.

주민들의 분출되는 생활욕구를 무조건적으로 수용함으로써, 자칫 표류하기 쉽고 무원칙이 난무하기 쉬운 도시 공간 속에서 도시 공간적 질서와 도시 구조 질서를 확립하기 위한 기틀을 잡아나가야 한다. 5년마다 수정, 보완해야 하는 도시 재정비계획과 10년마다 재검토해야 하는 도시 기본계획은 이러한 구조적 조정의 기회를 제공할 것이다. 이렇게 해서 도시계획은 전체적인 큰 틀로 이뤄진 일관된 질서 구조에, 지역 주민의 다양한 요구와 주장을 수용하는 것이 더해져 완성될 수 있다.

지금 세계는 건강한 삶(well-being)과 건강한 삶터(health city)에 관심을 모으고 있다. 이제 다가오는 21세기 키워드는 산업화 사회 이후에 도래할 정보화 사회와 도시형 사회[6]이다. 이러한 사회 체제적 변화는 당연히 도시계획이나 도시 구조에 영향을 미칠 것으로 예상되는데, 이를 정리하면 다음과 같다.

첫째, 네트워킹(networking)의 중시다. 20세기 체제하에서는 도시를 구성하는 각종 요소는 대부분 가시적이고 견고한 하부 기반 시설 중심이었으나, 21세기 정보화 사회 체제하에서는 도시구성요소를 구조화하는 것은 물리적 시설이 아니라, 도시의 요소들 간에 필요에 따라 자유롭게 연결해주는 네크워킹시설과 정보교환(communication) 기술이다.

둘째, 도시를 구성하는 여러 지역들은 각자가 어떤 정보를 발신할 수 있느냐에 따라서, 정보의 중심 지역으로 부상하거나 반대로 퇴출되는 시대로 진입하고 있다.

셋째, 정보화 사회에서는 의사결정의 칼자루를 도시계획의 생산자와 결정자로 자처하는 행정관서나 전문가 집단 등 공급자가 아니라, 도시계획의 소비자인 기업을 위시한 주민이나 이용자가 잡게 된다.

넷째, 도시계획의 소비자인 민간 부문과 지방, 중앙을 망라한 공공 부문의 참여와 협조가 필수적이다. 앞으로 민과 관이 모두 승자가 될 수 있는 '윈윈(win-win)' 상태로 만들어야 할 뿐 아니라, 더 나아가 양자 간 시너지효과를 모색해가는 기술이 도시계획의 중추적 기술로 부상해야 한다.

다섯째, 정보화 사회가 시간적 · 공간적 제약을 줄여줌으로써 개인생활의 자유를 제고해, 재택근무나 재택쇼핑 등이 가능해질 것이다. 또 이를 기반으로 새로운 형태의 지역공동체가 가능해질 것이다. 당연히 늘어난 주간인구를 대상으로 하는 동네 차원의 서비스 산업이 출현할 것이며, 고령 사회로 접어들면서 증가하는 고령인구에 대한 커뮤니티 차원의 서비스도 발생할 것이다. 커뮤니티를 외면하고 떠났던 주민들이 다시 돌아와 새로운 형태의 상호협동이나 상부상조를 바라며, 더불어 사는 사회적 관계망을 필요로 할 것이다.[7]

서울시는 박원순 시장 선출 이후 많은 변화가 이뤄져왔다. 건강과 의료에 관련한 대표적 어젠다로 2012년 5월, '건강서울 36.5'라는 서울시 건강 전략이 발표되었다. "아파도 치료받지 못하는 사람 없는, 모두가 건강을 누리는 서울을 만들겠다"는 야심찬 인사말과 함께 '건강수명은 늘리고 건강격차는 줄이고'라는 핵심 슬로건이 제시되었다. 시민들과 전문가 등 1,000여 명이 참여해 총 100회가 넘는 의견수렴 과정을 거쳤다. 보건소와 시립병원, 보건의료 단체들과는 물론 정부 부처 내외의 협의 끝에 만들어진 것이라고 한다. 여기에 참여형 보건지소를 마련하고, 의료협동조합과 건강복지센터를 평가하고 지원하겠다는 내용이 서울시 건강 전략에 포함되었다. 이는 의료협동조합이 전문가 간담회에 참여해 풀뿌리단체를 비롯한 사회적 경제지원체계, 시민참여 방안을 포함시키라는 요구가 반영되어 가능했다. 기존 보건정책이 대개 '보건의료서비스' 제공 확대에 치중했던 것에 비해, '건강 전략'은 진일보한 면을 보이고 있다고 평가받는다.[8]

더불어 '건강서울 36.5'에서는 "의료권역별로 주요 건강 문제를 발굴하고, 도시계획 차원에서 공공의료시설을 확충해, 거대도시 환경으로부터 시민들 건강을 지키고자 한다"는, 도시를 기반으로 한 건강정책 방향을 제시하고 있다.

「공공보건의료에관한법률」(시행 2013. 2. 2)은 "국가지방자치단체 및 보건의료기관의 역할은 지역, 계층, 분야에 관계없이 국민의 보편적인 의료이용을 보장하고 건강을 보호, 증진하는 것이다"라고 정의한다. 결국 공공의료는 기본적으로 국가와 지방자치단체의 책무이다. 따라서 건강도시를 이루기 위한 공공의료정책은 도시계획 전반을 포함한 포괄적인 정책 수립이어야 하는 것이지, 독자적인 공공의료정책이나 도시계획만으로는 불가능하다.

포괄적 제1차 보건의료는 이윤 발생이 적고, 다양한 인력과 조직이 필요하다. 시장의 관심이 적기 때문에 국가가 개입해 공적인 재화를 통해 운영해야 한다. 그러나 우리나라의 경우 농촌 지역을 제외한 도시 지역은 보건소 외에는 제1차 보건의료조직이 없기 때문에, 치료를 제외한 예방이나 재활 부분은 방치되어 개인이나 가족에게 그 책임이 전부 전가된다. 역사적으로 의료협동조합은 대체적으로 두 가지 발생배경을 지니고 있다. 하나는 공공의료가 취약해 지역 주민들이 요구하는 최소한의 건강을 위한 기반조차 해결해주지 못하는 경우이다. 또 하나는 기존 공공의료 부문에서 보건의료 종사자들에게 노동의 자율성이나 지역 주민 참여를 보장해주지 못하는 경우이다. 의료협동조합은 공공의료를 수행하기 위해 만들어진 조직은 아니지만 지역 사회에서 조합원의 건강을 확보해나가면서, 보건의료의 공공성과 건강권을 확대하는 노력을 해왔다. 공공보건의료가 취약한 한국 사회에서 의료협동조합이 시행하고 있는 찾아가는 서비스, 가정간호, 건강실천단과 같은 예방 프로그램은 최근 정부가 제시하고 있는 '도시보건지소'의 기능과 중복되기도 한다. 이와 같이 의료협동조합이 수행하고 있는 보건의료사업들이 점차적으로 국가에 의해 제도화되어가고 있으며, 국가 제도와 상호 보완해나가는 기능을 담당해왔던 것이다.

의료의 공공성을 강화한다는 것은 공공 부문이 본래의 존재목적에 맞게 의료의 공공성을 회복하도록 하는 것과, 이와 동시에 민간 부문에서 공공성을 어떻게 확장해갈 것인가에 대한 과제로 모인다. 합리적인 제1차 보건의료체계 건설은 1차 의료 공급자인 의료인의 노력만으로는 그 궁극적인 목표를 달성할 수 없다. 지금까지의 경험으로 볼 때 결국 공공보건의료 확대는 민관협력을 통해 완성되어갈 수 있다. 서울시의 '건강서울 36.5'에서 제시한 참여형 보건지소 모델이 어떻게 정착해가는지, 의료협동조합을 비롯한 현장 시민 사회조직과 정책 전문가의 지속적인 관심과 지혜가 필요한 때이다.

'나는 누구인가'

자신을 찾아나가는 정체성 확립의 시기, '나는 누구인가'를 줄곧 묻는 과정이었다. 사춘기 시절부터 물어왔으니 그리 적지 않은 시간이다. 그런데 여전히 내가 누구인지를 설명하기 어렵다. 더욱이 '도시'라는 공간 속에 살아가고 있는 '나'를 규명하고 정의해야 하는데, 이 일은 단순히 '나'라는 이의 정체성을 찾는 일이 아니라 어쩌면 '공간' 속에서 '나'의 정체성을 찾는 일이었기 때문에 좀 더 어려웠다.

도시에서 나고 자란 나는 도시를 떠나서는 살 수 없을 것 같았다. 아니 한 번도 도시를 떠나 있는 삶을 상상해보지 않았다. 많은 정보가 있는 도시, 그중에서도 서울 중심의 사고에 익숙해져 있었다. 대전, 원주, 전주 등 지역의료협동조합을 방문할 기회가 많아지면서 비로소 나의 의식이 얼마나 서울에 편중되어 있었는지를 깨달을 수 있었다.

한 지방 소도시에서 다른 소도시로 이동하기 위해 대중교통을 이용해야 했던 적이 있다. 당연히 배차간격이 서울에서처럼 짧을 거라 예상하고 약속을 정했다가 낭패를 보았다. 서울에서는 어디를 가든 바로바로 대중교통을 이용해 이동할 수 있다. 그런데 지방 소도시의 경우에는 대중교통의 배차간격도 넓고, 대중교통이 닿지 않는 곳도 있다. 이렇게 대도시 중심의 주류적 관점, 독점적 지위를 당연하게 생각하는 사고체계에 익숙해져 있다는 사실을 예전엔 깨닫지 못했다.

세상은 근본적인 변화가 필요하다. 진정한 경제혁명은 생명에 대한 자각된 의식이 사회화할 때에만 이루어진다. 바꾸어 말하면 기독교적인 형제애의 발전이 이상적 경제 사회 발전에 기본이라고 나는 굳게 믿는다. (가가와 도요히코, 『우애의 경제학』)

저렇게 취직만 하려고 애를 쓸 게 아니야. 도회지에서 월급생활을 하려고 할 것이 아니라 농촌으로 돌아가서 ……. 정 농촌으로 돌아가기가 싫거든 서울서라도 '몇 사람 맘 맞는 사람이 모여서 무슨 일을. 조선에 신문이 모자라니 신문을 하나 경영하든지. 조그맣게 하자면

잡지 같은 것도 좋고 …… . (채만식, 「레디메이드 인생」)

최근 이 글을 신문에서 발견하고 놀랐다. 1930년대 시대 상황과 크게 다르지 않은 2013년 현재를 살아가는 우리들. IMF와 최근 국제 금융 위기 이후 1930년 세계대공황 당시가 재현되고 있는 상황을 보면서, "역사는 과연 진보하는 것인가?"라는 질문을 하게 된다.

처음 사회운동에 관심을 가졌던 시기를 생각해본다. 1980년대 후반 그리도 바라던 민주화는 이루었는데, 민의 참여에 의한 지역 사회 변화는 이뤄지지 않았다. 그러한 이유로 풀뿌리 민주주의와 지역에 기반을 둔 협동조합운동에 관심을 갖게 되었다. 협동조합 운동은 생활 속의 필요와 요구를 지역 주민 스스로 조직하는 것, 그러면서도 지역공동체가 지속 가능하다는 것을 보여주기 위한 운동이었다. 이제 주민참여에 의한 건강마을공동체, 의료협동조합 운동에 참여해온 지 19년이 되었다. 최근 들어서 협동조합운동이 지역 문제를 해결하기 위한 대안이 될 수 있다고 많은 이들이 입을 모아 이야기한다. 그런데 한편으로는 공허한 주장이다. 협동조합 운동 내에 협동이 없다. '좀 더 근본적인 변화가 필요하지 않을까' 하고 고민하던 시점에 가가와 도요히코를 만나면서 해답을 찾았다. 이제 기독교 사회운동이라는 관점에서 협동조합운동을 다시 바라본다.

나로부터 시작하는 일상의 혁명

20년 가까이 협동조합 활동을 해왔다. 오랜 지역 활동 가운데 사람이 변하지 않고는 어느 하나도 변화시킬 수 없다는 깨달음을 얻었다. 내가 변하지 않고 다른 사람을 변화시키기는 어렵다. 최근 너도 나도 '힐링'을 말한다. 그만큼 우리 삶에 피로감이 높아져가고 있다는 반증이다. 내가 그렇듯 현장에 있는 활동가들이 늘 지쳐 있고 쉬지 못하고 있는 모습을 발견한다.

MBTI 성격유형검사를 개발한 이사벨 브릭스 마이어(Isabel Briggs Myers)와 캐서린 쿡 브릭스(Katharine Cook Briggs) 모녀는 '이 세상에 왜 갈등과 오해가 생길까?'라는 질문을 가지고 해답을 찾으려 노력했다지만, 나는 오래도록 이렇게 물어왔다. '나는 나 자신을 바로 알고 있을까?', '타고난 기질은 무엇이며, 저 깊이 숨겨진 내 안의 욕구는 무엇인가?', '사람들을 움직이게 하는 동력은 무엇일까?', '나를 넘어선, 이웃에 대한 사랑을 키워가는 일은 어떻게 가능한가?', '이웃의 변화, 세상의 변화를 이야기하지만 그에 앞서 나 하나 잘살면 되는 것인데……' 하는 생각들. 내 안에 꼬인 것 없이, 내 안의 결핍을 상대에게 투사하지 않고 나 자신을 바로 아는 것이 관계의 출발이다. 그것을 시도해볼 수 있을까. 우리 모두는 내면에 선함, 때로는 영성, 창조성이라 불리기도 하는 신성을 지닌 존귀한 존재이다. 모두 다 사랑의 존재이며, 사랑하는 사람으로서 살아가고 싶어 한다. 평소의 이런 생각들을 프로그램에 적용해보고 싶었다.

이러한 문제의식에서 출발해 2009년부터 자기를 성찰할 수 있는 프로그램 '마음열기'를 기획해 진행했다. "마음열기 프로그램을 어디서 배울 수 있나요?", "마음열기 프로그램 관련 책을 만들어야 해요" 등, 프로그램을 마친 활동가들의 반응은 뜨거웠다. 그래서 활동가들의 일상에 변화를 일으킬 수 있는 작은 혁명, 새로운 시도를 하고 있는 중이다. 내게는 '인생이모작사업'으로 충분히 가슴 뛰는 일이다. 나 자신이 먼저 바뀌어야 세상이 바뀐다.

도시에서 걷는다는 것

인터넷으로 신청한『걷고 싶은 도시라야 살고 싶은 도시다: 강병기 교수의 도시이야기 2』라는 책이 도착했다. 호기롭게 책 표지 안쪽에 "건강 소모임 '몸과대화하며걷기(이하 몸대화걷기)'의 철학을 만들고 싶다"라고 쓴다. 남편이 책 제목을 보고는 "도시에서 걸어봐야 ……" 하며 딴죽을 건다. '그렇긴 하지. 그렇다고 당장 시골로 내려가서 살 수 없을 바에야, 지금 우리가 발 딛고 있는 도시, 바로 이곳에서라도 우선 걸어보고, 뛰어도 보고, 숨을 쉴 수 있는지 확인해봐야 하는 것 아닌가?' 하는 오기가 생겼다.

나이 들며 운동이 필요해서 우선 나부터 걷기 시작했던 보라매공원. '몸대화걷기'란 건강 소모임을 1년간 꾸준히 하면서 길을 걷는다는 것은 곧 인생길을 걷는 것과 다르지 않음을 깨닫게 되었다. 혼자 했으면 중도에 포기했을 수도 있을 것을 조합원들과 함께하니 오래 할 수 있었다. 무엇보다 사계절 변화를 읽는 눈이 생겼고, 주변에 좀 더 세심한 눈길을 주는 습관이 생겼다. 막내 아들을 길 위에서 다시 친구로 만나는 행운을 얻기도 했다. 몸의 상태는 결국 행복과 직결된다. 도시의 공원을 걷는 것만으로도 행복지수가 높아졌다. 자동차를 멀리하고 도시를 걸어보고 신선한 공기와 땅 내음을 맡아보자. 거기에 즐거움과 건강이 있다. 도시라는 곳이 자동차로만 스쳐 지나던 때와는 달리 매우 흥미진진하고 재미있는 곳임을 느낄 것이다.

우리가 세상의 변화를 일으키고자 하는 궁극적인 이유는 무엇인가. 어느 누구에게도 예속되지 않은 나의 삶이 너를 만나 자유를 확장하는 것. "건강은 곧 민주주의다." 다소 거창하기는 하지만 건강의 개념은 몇몇 전문가가 정의하는 것이 아니라 끊임없이 주민에게 묻는 과정이어야 한다. 더욱 나은 삶, 행복한 삶이 무엇인지 물어야 한다. 의료협동조합은 건강한 공동체를 지향하는 하나의 전략이자 수단이기도 하지만 그 자체로 건강공동체이다. 이러한 건강공동체가 도시 곳곳에서 일어나야 한다. 그 변화의 출발지점은 바로 지금, 여기에서이다.

이제 글을 마무리하려고 보니, 아차 싶다. 환경도시 또는 녹색도

시에 대한 개념이 대개 환경 기술적 접근형태를 띠고 있는데 건강
도시라는 통합된 관점으로 정리하지 못했다는 아쉬움이 남는다.
자칫 혼자만의 생각으로 '건강도시'에 대해 정리한 것은 아닌가. 건
강 관련 단체와 전문가 집단, 지역 주민들과 더불어 한층 폭넓고
다양하게 열린 장에서 논의하고 정리했어야 하는 건 아니었을까
싶다.

부록

한국의료복지사회적협동조합연합회 소속
회원생협 현황
(2012년 12월 기준)

비교기준	안성	인천평화	안산	원주
지역 특성	도농복합도시	대도시	신도시	중소도시
주요 설립 동기	농촌 지역 의료봉사	산재 및 직업병 해결	지역 환경보호운동	생협 간 협동
최초의 주체	농민회, 기독학생회	기독청년 의료인회	시민의 모임, 동의학 민방연구회	소비자생협, 신협
주체의 성격	지역 주민, 의료인	의료인 → 지역 주민	지역 주민 → 의료인	지역 주민 → 의료인
설립연도	1994년 4월	1996년 11월	2000년 4월	2002년 5월
운영사업소	의원 3개소, 한의원 2개소, 치과, 검진센터 2개소, 재가장기 요양기관	의원, 한의원, 가정 간호사업소, 검진센터, 치과, 재가장기 요양기관	의원, 한의원, 치과, 검진센터, 재가장기 요양기관, 그룹홈	의원 2개소, 한의원, 재가장기 요양기관
조합원 수	4,823세대	3,501세대	5,624세대	2,486세대
사회적기업 인증	○	○	○	○

비교기준	대전민들레	서울	전주	함께걸음
지역 특성	대도시	대도시 (서울영등포구)	중소도시	대도시 (서울노원구)
주요 설립 동기	지역화폐운동	신협운동의 확장	보건의료운동, 공동체운동	장애우 평등세상
최초의 주체	한밭레츠, 대전 인의협	영등포 산업선교회	청년한의사회	장애우 권익문제 연구소
주체의 성격	지역 주민, 의료인	지역 주민 → 의료인	의료인 → 지역 주민	의료인 → 지역 주민
설립연도	2002년 8월	2002년 6월	2004년 4월	2005년 6월
운영사업소	의원 2개소, 한의원 2개소, 치과 2개소, 검진센터, 심리상담센터	한의원, 치과, 재가장기 요양기관	한의원, 재가장기 요양기관	한의원, 재가장기 요양기관, 장애우 주간보호센터 (위탁)
조합원 수	3,240세대	2,665세대	767세대	1,108세대
사회적기업 인증	○	○	×	○

비교기준	용인해바라기	성남	수원새날
지역 특성	중소도시	중소도시	중소도시
주요 설립 동기	장애아동부모 모임	장애인무료치과 진료	복지네트워크
최초의 주체	장애아동 미래연구회	지역시민사회단체 (생협)	지역시민단체 네트워크
주체의 성격	지역 주민, 의료인	지역 주민, 의료인	지역 주민, 의료인
설립연도	2007년 3월	2008년 2월	2009년 3월
운영사업소	특수아동센터, 녹색가게, 방과후교실, 한의원	한의원	한의원
조합원 수	1,212세대	1,787세대	811세대
사회적기업 인증	○	예비	○

비교기준	시흥희망	마포	살림	올바른
지역 특성	중소도시 (경기시흥)	대도시 (서울마포구)	대도시 (서울은평구)	중소도시 (의정부)
주요 설립 동기	복지네트워크	지역 사회 돌봄	여성주의 돌봄공동체	식생활개선 (채식)
최초의 주체	지역 주민	마포의료인, 시민 사회	여성주의 모임	오뚝이 재활클리닉
주체의 성격	지역 주민 → 의료인	의료인, 생협인	여성주의 모임	의료인 → 지역 주민
설립연도	2009년 9월	2012년 6월	2012년 2월	2011년 4월
운영사업소	한의원, 재가장기 요양기관, 무료도서관, 희망상담센터,	의원 준비중	살림의원	의원, 채식식당
조합원 수	900세대	403세대	1,026세대	1,108세대
사회적기업 인증	○			

비교기준	행복한마을	수원한겨레	순천	대구
지역 특성	중소도시 (과천, 군포, 안양, 의왕)	대도시	중소도시 (순천)	대도시 (대구)
주요 설립 동기	보건의료개선, 지역공동체 구현	지역운동	지역보건의료 서비스개선	지역보건의료 서비스개선
최초의 주체	과천, 군포, 안양, 의왕 지역단체 (생협, 시민 사회단체, 노동조합)	한겨레상포회	지역 주민	대구 사회연구소 대구시민센터
주체의 성격	지역 주민 → 의료인	지역 주민	지역 주민	지역 주민, 의료인
설립연도	20012년 9월	2012년 8월	2012년 10월	2012년 5월
운영사업소				
조합원 수	389세대	350세대	300세대	340세대
사회적기업 인증				

서문

1 서울연구원에서 2012년 12월 3일부터 24일까지 도시 전문가 100인을 대상
으로 서울의 미래를 관통하는 핵심 키워드를 조사한 결과 문화도시, 안전
도시, 건강도시 등으로 나타났다[서울연구원, 「도시 전문가 100인이 본 서
울의 미래 키워드」(2013)].

1장 건강은 건강한 관계이다

1 오명희, 「일곱 색깔 무지개」(인천: 인천평화의료협동조합, 2000).

2 김성훈, 『가장 인간적인 의료: 우리 동네 주치의 의료생협 이야기』(서울: 스
토리플래너, 2011).

3 Halfdan Mahler, "Address on the Occasion of World Health Day, 7 April,
1988"(Canberra: World Health Organisation and Commonwealth Department
of Community Services and Health, 1988). Jackson T. et al., "The
Community Development Continuum", *Community Health Studies*,
Vol.13, No.1(1989), pp.66~73. 강명근, 「노동부지원 경영컨설팅 매뉴얼」
(서울: 의료생활협동조합, 2011), 98쪽 재인용.

4 당시 중소분쟁(Sino-Soviet Dispute)의 와중에 있었기 때문에 소련이 사회주의 헤게모니를 장악하려는 데 반발해 중국이 불참했고, 나머지 국가는 대부분 참여했다. 그러나 알마아타선언이 표방한 제1차 보건의료는 중국혁명 과정과, 혁명 이후에 구축된 당시 중국의 보건의료체계와 그 결과에 큰 영감을 받은 것이었다. [Newell, "Health by the people"(Geneva: World Health Organization, 1975)].

5 실제로 프레이리의 이론은 보건교육의 원리로서 광범위하게 응용되고 있다.

6 의료와 더불어 다른 요인들이 중층적으로 건강을 결정하고 있음을 알 수 있다.

2장 도시에 산다는 것

1 이인영, 「건강도시 사업의 발전 방안」(서울시, 2012).

2 G. Dahlgren and M. Whitehead, "What can be done about inequalities in health?", *The Lancet*, Vol.338, No.8774(1991), pp.1059~1063.

3 배상수 외, 「건강도시 성북 미래전략 연구」(성북구보건소·한림대학교사회의학연구소, 2006).

4 이인영, 「건강도시 사업의 발전 방안」(서울시, 2012).

3장 건강도시, 꿈과 실현

1 박봉희 페이스북(http://www.facebook.com/100000904803958/timeline/2011).

2 건강권실현을위한보건의료단체연합 홈페이지(http://kfhr.org/).

3 김창엽 외, 『보건의료개혁의 새로운 모색』(파주: 도서출판 한울, 2006).

4 농어촌선교연구소 · 호남신학대학교 해석학연구소, 『마을 만들기와 생명선교』(서울: 한들출판사, 2013), 137쪽.

5 「소비자생활협동조합법」에 근거한 의료생활협동조합이 2012년 「협동조합 기본법」에 의한 한국의료복지사회적협동조합으로 전환 중에 있다. 대체로 의료협동조합이라는 명칭으로 표기했으나 역사적인 발전단계에 따라 의료 생협 및 한국의료복지사회적협동조합이라는 명칭으로 표기하기도 했다.

6 윤형근, 『협동조합의 오래된 미래 선구자들』(충남: 그물코, 2013).

7 농어촌선교연구소 · 호남신학대학교 해석학연구소, 『마을 만들기와 생명선교』, 151쪽.

8 박양희, 「생활협동조합에의 지역 사회 조직원칙 적용에 관한 연구: 인천 평화의료생활협동조합을 중심으로」(가톨릭대학교 대학원 석사학위 논문, 2000).

9 1995년부터 진행된 '일본합동연수단'은 2010년까지 12회 진행되었다.

10 농어촌선교연구소 · 호남신학대학교 해석학연구소, 『마을 만들기와 생명 선교』, 154쪽.

11 권호영, 「한국의 의료생활협동조합 운동에 관한 연구: 안산의료생협의 사례」(한국학중앙연구원 한국학대학원 석사학위 논문, 2013).

12 이건세, 「서울시 의료생활협동조합 참여인식조사」(서울특별시공공보건의료지원단, 2012).

13 최혁진, 「생활협동조합운동, 보건의료서비스에 도전하다」(한국의료생협연대, 2011)

14 박봉희, ≪한국의료생협연합회 교육연구센터 뉴스레터≫, 2013.

15 김종희, 「함께걸어좋은길 II: 주민참여형 의료생협 의사들의 건강관」(서울: 한국의료복지사회적협동조합연합회, 2013)

16 주민참여형 의료생협 의사들의 건강관 인터뷰, 2013. 익명성을 위해 각 내 담자의 성명은 기술하지 않았다.

17 Thomas S. Szasz and Marc H. Hollender, "A Contribution to the Philosophy of Medicine; The Basics Models of the Doctor-Patient Relationship", *A.M.A. Archives of Internal Medicine*, Vol. 97, No. 5(1956), pp. 585~592.

4장 건강도시, 공동체가 답이다

1 리즈 호가드, 『영국 BBC 다큐멘터리 행복: 행복 전문가 6인이 밝히는 행복의 심리학』, 이경아 옮김(서울: 예담, 2006).

2 김성훈, 『가장 인간적인 의료: 우리 동네 주치의 의료생협 이야기』(서울: 스토리플래너, 2011).

3 마하트마 간디, 『마을이 세계를 구한다』, 김태언 옮김(서울: 녹색평론사, 2011).

4 김성훈, 『가장 인간적인 의료: 우리 동네 주치의 의료생협 이야기』(서울: 스토리플래너, 2011).

5장 내가 살고 싶은 건강도시

1 이 글에서 도시는 고대정치도시나 중세상공업도시와는 달리 산업 혁명 이후 근대산업도시 혹은 후기산업도시를 말한다.

2 조재성, 『도시계획』(서울: 박영률출판사, 1999).

3 강병기, 『걷고 싶은 도시라야 살고 싶은 도시다: 강병기 교수의 도시이야기 2』(서울: 보성각, 2009).

4 같은 책, 261쪽.

5 같은 책, 19쪽.

6 도시가 성장하고 확대해가는 시기의 도시 사회를 '도시화 사회'라 하고, 성장
   과 확대가 어느 정도 둔화되면서 도시로서의 여러 특징을 갖추고 성숙해
   안정기에 접어든 도시 사회를 '도시형 사회'라 부른다.

7 강병기, 『걷고 싶은 도시라야 살고 싶은 도시다: 강병기 교수의 도시이야기
   2』, 187쪽.

8 김명희, 「서울시 공공의료마스터플랜 평가와 진단」, ≪월간복지동향≫,
   2012.

참고문헌

강명근. 2011. 「노동부지원 경영컨설팅 매뉴얼」. 서울: 의료생활협동조합.

강병기. 2009. 『걷고 싶은 도시라야 살고 싶은 도시다: 강병기 교수의 도시이
   야기 2』. 서울: 보성각.

권호영. 2013. 「한국의 의료생활협동조합 운동에 관한 연구: 안산의료생협의
   사례」. 한국학중앙연구원 한국학대학원 석사학위 논문.

기독청년의료인회 엮음. 1997. ≪기독청년의료인회 10년 활동보고≫.

＿＿＿＿. 2007. ≪기독청년의료인회 20주년 자료집≫.

김건엽. 2008. 「주민참여형 "건강마을 만들기" 기초조사 및 확산 모델 개발 연
   구」. 성북구보건소 · 충남대학교의과대학.

김기섭. 2012. 『깨어나라 협동조합: 더 좋은 세상을 만드는 정직한 노력』. 파
   주: 들녘.

김명희. 2012. 「서울시 공공의료마스터플랜 평가와 진단」. ≪월간복지동향≫.

김보라. 2009. ≪주민참여형 의료생협 15년의 활동≫. 한국의료생협연대.

김성훈. 2011. 『가장 인간적인 의료: 우리 동네 주치의 의료생협 이야기』. 서
   울: 스토리플래너.

김신양. 2013. 「협동조합을 통한 지역복지 활성화 방안」. ≪월간복지동향≫.

김종희. 2013. 「함께걸어좋은길 II: 주민참여형 의료생협 의사들의 건강관」.
   서울: 한국의료복지사회적협동조합연합회.

김찬호. 2009. 『생애의 발견: 한국인은 어떻게 살아가는가』. 서울: 인물과사

상사.

김창엽 외. 2006. 『보건의료개혁의 새로운 모색』. 파주: 도서출판 한울.

김홍일. 2008. '국내사회적기업 흐름과 전망'. 성공회대학교 사회적기업가 아카데미.

농어촌선교연구소·호남신학대학교 해석학연구소. 2013. 『마을 만들기와 생명선교』. 서울: 한들출판사.

문보경. 2008. 「사회적경제·사회적기업 발전방향과 시민 사회의 역할: 사회적경제와 협동조합운동의 전망」. 한국의료생협연대.

박봉희. 2005. 「주민자치와 건강 마을 만들기」. 의료생협연대.

_____. 2012. 「협동조합을 통한 시민참여」. 서울: 동국대학교사범대학교육연수원.

_____. 2013. ≪한국의료생협연합회 교육연구센터 뉴스레터≫.

박양희. 2000. 「생활협동조합에의 지역 사회 조직원칙 적용에 관한 연구: 인천 평화의료생활협동조합을 중심으로」. 가톨릭대학교 대학원 석사학위논문.

배상수 외. 2006. 「건강도시 성북 미래전략 연구」. 성북구보건소·한림대학교사회의학연구소.

사회적기업 발전을 위한 시민 사회단체 연대회의. 2007. ≪사회적기업 발전을 위한 자크 드푸르니 교수 초청토론회 자료집≫.

_____. 2007. "한국 사회에 사회적 경제의 길을 묻다".

서울연구원. 2013. 「도시 전문가 100인이 본 서울의 미래 키워드」.

성공회대학교 사회적기업연구센터. 2007. "사회서비스와 사회적기업에 관한 국제심포지움".

≪안산의료협동조합 소식지≫.

오명희. 2000. 「일곱 색깔 무지개」. 인천: 인천평화의료협동조합.

우세옥. 2005. 「협동을 통한 일자리 창출」. 의료생협연대.

윤형근. 2013. 『협동조합의 오래된 미래 선구자들』. 충남: 그물코.

이건세. 2012. 「서울시 의료생활협동조합 참여인식조사」. 서울특별시공공보
건의료지원단.

이인동. 2010. 「내가 만난 숲」. ≪한국의료복지사회적협동조합연합회소식지
≫. 서울: 한국의료복지사회적협동조합.

이인영. 2012. 「서울시 사례집: 건강도시, 안전도시, 건강친화마을」.

_____. 2012. 「건강도시 사업의 발전 방안」. 서울시.

임종한. 2011. 『가장 인간적인 의료: 우리 동네 주치의 의료생협 이야기』. 서
울: 스토리플래너.

장원봉. 2007. 「사회적 경제(social economy)의 대안적 개념화: 쟁점과 과제」.
≪시민 사회와 NGO≫, 제5권, 제2호(가을/겨울), 5~34쪽.

조재성. 1999. 『도시계획』. 서울: 박영률출판사.

주성수. 2008. 「사회경제, 시민 사회, 제 3섹터, 비영리섹터」. 생협전국연합
회・시민사회연구회.

채만식. 1934. 「레디메이드 인생」. ≪신동아≫.

최혁진. 2011. 「생활협동조합운동, 보건의료서비스에 도전하다」. 한국의료생
협연대.

한국보건복지인력개발원. 2006. 「'사회적기업' 연수보고서」.

가가와 도요히코(賀川豊彦). 2009. 『우애의 경제학』. 홍순명 옮김. 충남: 그물코.

간디, 마하트마(Mahatma Gandhi). 2011. 『마을이 세계를 구한다』. 김태언 옮

김. 서울: 녹색평론사.

노스럽, 크리스티안(Christiane Northrup). 2011. 『폐경기 여성의 몸 여성의 지혜』. 이상춘 옮김. 서울: 한문화.

로젠버그, 마셜 B(Marshall B. Rosenberg). 2011. 『비폭력 대화: 일상에서 쓰는 평화의 언어 삶의 언어』. 캐서린 한 옮김. 서울: 한국NVC센터.

일리히, 이반(Ivan Illich). 2004. 『병원이 병을 만든다』. 박홍규 옮김. 충북: 미토.

퍼트넘, 로버트 데이비드(Robert David Putnam). 2009. 『나 홀로 볼링: 사회적 커뮤니티의 붕괴와 소생』. 정승현 옮김. 서울: 페이퍼로드.

호가드, 리즈(Liz Hoggard). 2006. 『영국 BBC 다큐멘터리 행복: 행복 전문가 6인이 밝히는 행복의 심리학』. 이경아 옮김. 서울: 예담.

Dahlgren, G. and M. Whitehead. 1991. "What can be done about inequalities in health?", The Lancet, Vol. 338, No. 8774. pp. 1059~1063.

Jackson, T. et al. 1989. "The Community Development Continuum", Community Health Studies, Vol. 13, No. 1, pp. 66~73.

Mahler, Halfdan. 1998. "Address on the Occasion of World Health Day, 7 April, 1988". Canberra: World Health Organisation and Commonwealth Department of Community Services and Health.

Newell. 1975. "Health by the people". Geneva: World Health Organization.

Szasz, Thomas S. and Marc H. Hollender. 1956. "A Contribution to the Philosophy of Medicine; The Basics Models of the Doctor-Patient Relationship". A.M.A. Archives of Internal Medicine, Vol. 97, No. 5. pp. 585~592.

지은이 **박봉희**

현재 한국의료복지사회적협동조합연합회 부설 교육연구센터 소장이다. 기독
청년의료인회 간사로 보건의료사회운동에 참여했으며 기독청년의료인회 회장
및 한국의료생협연대 사무총장을 역임했다. 늘 실천적인 삶, 비주류의 삶을 지
향하는 현장실천가이다. 대학입시를 거부하다 뒤늦게 한국방송통신대학교 행
정학과를 졸업, 서울신학대학교 대학원에서 사회복지학과를 수료했다. 최근
조직의 갈등조정, 영성적 회복과 같은 정신건강예방 프로그램 기획과 진행으
로 활동가들을 지원하고 있다. 현재 서울의료원 비상근이사, 사회적경제연구
회 부회장, 사회투자지원재단의 운영위원, 금천구청마을공동체 위원으로 활동
중이다. 『가장 인간적인 의료』, 『마을 만들기와 생명선교』, 「건강형평성 강화
를 위한 의료서비스 전달체계의 개선방안」에 공동저자로 참여했다.

전자우편: peacemk12@hanmail.net

한울아카데미 1663
서울연구원 미래서울 연구총서 10
건강도시
ⓒ 서울연구원, 2014

기획 • 서울연구원(원장 이창현)
편집위원회 • 장영희, 유창주, 이창우, 조권중, 백선혜
지은이 • 박봉희
펴낸이 • 김종수
펴낸곳 • 도서출판 한울

편집책임 • 염정원
편집 • 홍인희

초판 1쇄 인쇄 • 2014년 2월 18일
초판 1쇄 발행 • 2014년 2월 25일

주소 • 413-756 경기도 파주시 광인사길 153
     한울시소빌딩 3층 도서출판 한울
전화 • 031-955-0655
팩스 • 031-955-0656
홈페이지 • www.hanulbooks.co.kr
등록번호 • 제406-2003-000051호

Printed in Korea.
ISBN 978-89-460-5663-3 93330

* 책값은 겉표지에 표시되어 있습니다.